真鍋忠義

もう恐くない
海外の食事とドライブ
熟年の旅
南フランス・北イタリア編

せせらぎ出版

もう恐くない海外の食事とドライブ

── 熟年の旅（南フランス・北イタリア編）

　　はじめに／4
　　南フランス・北イタリアドライブコース／5

1. ドライブを終えて／6
2. 道の聞き方／7
3. 標識について／9
4. レストランについて／10
5. レストランのメニュー構成（フランス編）／12
6. レストランのメニュー構成（イタリア編）／13
7. Marseille（マルセイユ）のレストランメニュー／14
8. Marseille（マルセイユ）→Arles（アルル）ドライブとレストランメニュー／21
9. Arles（アルル）→Nîmes（ニーム）ドライブとレストランメニュー／34
10. Nîmes（ニーム）→Pont du Guard（ポン デュ ガール）→Avignon（アヴィニオン）ドライブとレストランメニュー／43
11. Avignon（アヴィニオン）→Aix-en-Provence（エクサン プロヴァンス）ドライブとレストランメニュー／54
12. Aix-en-Provence（エクサン プロヴァンス）→Nice（ニース）ドライブとレストランメニュー／61
13. Nice（ニース）→Genova（ジェノヴァ）ドライブとレストランメニュー／78
14. Genova（ジェノヴァ）→Milano（ミラノ）（市内縦断）ドライブとレストランメニュー／85
15. Como（コモ）湖のレストランメニュー／96
16. レンタカーの契約関連／105

　　あとがき／108

はじめに

　62歳と69歳の熟年コンビが南仏プロヴァンスと北イタリア約900kmのレンタカー旅行を楽しんだ。

　レンタカーの魅力は何といっても時間に拘束されないことにある。好きな時に、好きなところに行ける気楽さ。一度経験すると病み付きになる。

　ところが、このレンタカー旅行を決断するまでが問題。果たして日本国内のように自在に運転が出来るのか、右側通行（英国圏を除く）にすぐ慣れるのか、標識は読みとれるのか、会話は出来ないが道はどのように聞くのか、ホテルは簡単に見つけられるのか、また旅行に欠かすことが出来ない食文化を楽しみたいがレストランに入る自信がない、メニューはどうなっているのか、どのように読めばよいのか、何種類注文すればよいのか等、不安の種は尽きない。

　これらの不安は、これまで海外ドライブの実態があまり語られていない、もしくは伝えられていないなど情報不足によるところが大きいのではないかと推察する。

　そこで、本書は南仏、北伊のドライブ旅行をできるだけ忠実に振り返り、そのドライブ状況と対応策を説明し、またレストランについては実際のメニューをそのまま紹介、その読み方、注文の仕方を説明することにより、これから海外ドライブを試みようとする人の判断材料になればと思い企画したものである。

　海外ドライブの醍醐味は敷かれたレールの上をただ走るだけでは享受出来ない。気ままにレールを敷くことによりどんな出会いがあるのか、どんな経験が待ち受けているのか、不安と期待が交錯する中を、わくわくしながら未知の世界に分け入っていくような旅になれば、それをかなえさせてくれる。

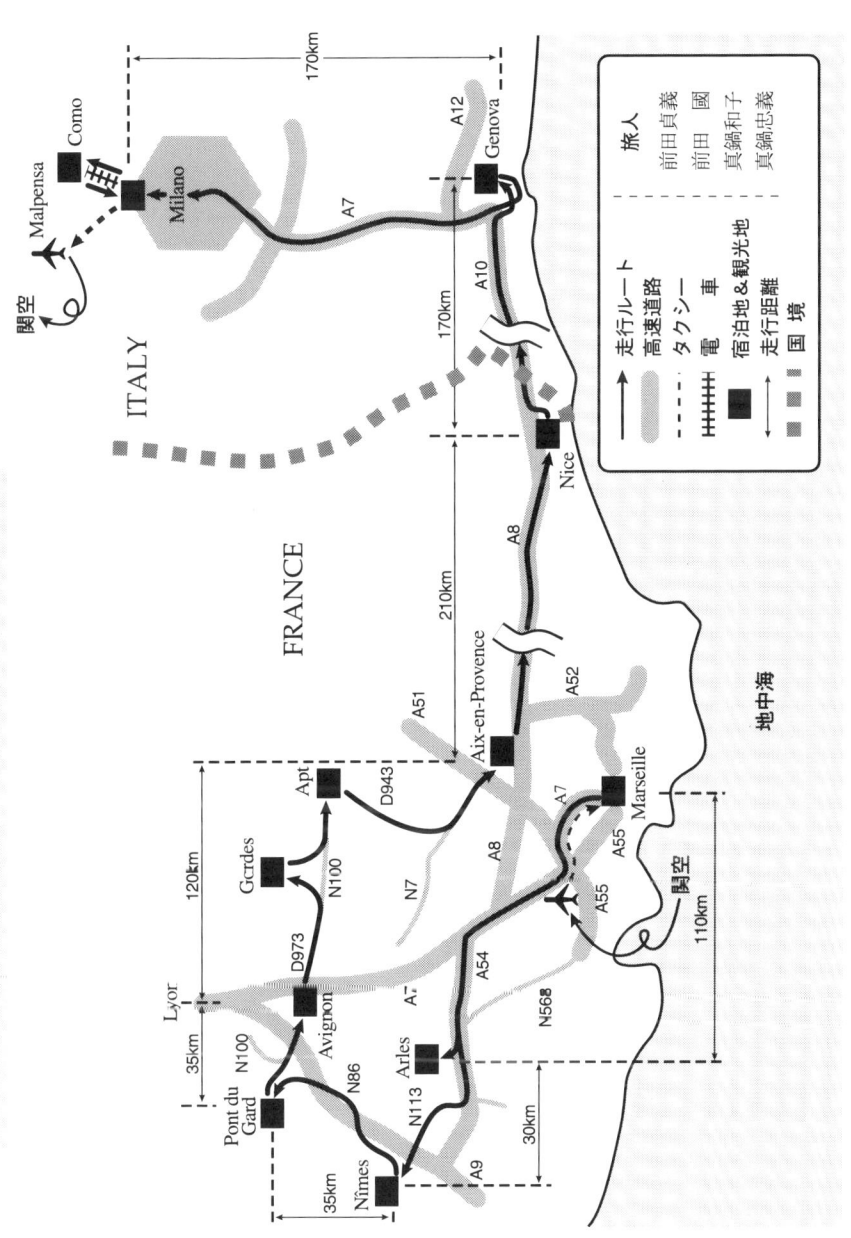

1 ドライブを終えて

　2000年前の姿を今にとどめる南フランスのPont du Guard(ポン デュ ガール)を始め、圧倒的な存在感を示す歴史的建造物の前ではただただ感嘆、風光明媚で自然美あふれる田舎、コロンブスの故郷、中世的遺産を色濃く残した大都会など身が縮まる走りもあったが、快適にかけめぐることが出来た。
　今回のドライブコースは単なる都市、町、村を移動するだけではなく、歴史遺産がうごめく不規則の集合体のような、合理性の否定ともいえる街中を走ることはいったいどんなドラマが待ち受けているのか、どんな試練があるのか試したく、あえてド真ん中にホテル（Aix-en-ProvenceとMilano）をとることに決める。
　結果的には、相当苦労するであろうと覚悟していた街は予想外にスムーズに、反対に小さな街だから中心地であっても大したことはないと気にも留めていなかった街が意外な伏兵に遭い迷路探索を強いられることもあった。
　重厚感あふれる街並み、車で走るには決して快適とはいえないが、タイヤから伝わってくる感触は何故か脳裏に残るものがある。
　出発前、2人の子息から"左ハンドル、右側通行、道路標識などは大丈夫か"と心配と冷やかし半分の質問攻めにあったという、初めて海外で運転する前田氏（69歳）。最初はさすがに緊張からかカチカチ。実に慎重、全身に力が入っていて運転が硬い。無理はしない。どんどん後続車に追い抜かれても気にしない様子。決して遅いスピードではない。法定速度を頑なに守っている。
　本人はどんな感じで運転していたのかというと「ハンドルを握ってしまえば、左ハンドルも右側通行も特に意識はなかった」、「ロータリーが多かった。これでよく事故が起きないものだと感心する」、「トンネルを出るとすぐにS字カーブになっているため対向車が正面から飛び込んでくるような錯覚を起こす」、「猛スピードで走り去っていく車を見て、若い血（？）が騒ぎ危うくつられそうになったが、その気持ちを必死におさえた」などと冷静な分析ができており、まだまだ意気軒昂。帰国早々、来年の今頃はドイツの田園地帯を疾走している情景に思いを馳せていると聞く。
　上記の短い文脈からでも海外での運転が初めてでも特に問題のないことを読みとってもらえるのではないか。とはいっても、ロータリーが非常に多いこと、標識が横文字であるなど道路事情が大きく異なるところ（左ハンドル、右側通行は言うに及ばず）がある。ゆったりしたスケジュールを組むことと、決して焦らないことが海外ドライブのポイントである。

2 道の聞き方

　初めての道、どうしても人に聞かざるを得ない。果たしてうまく聞けるものなのか。相手は教えてくれるかどうか不安になるが、全く心配はいらない。実に親切に教えてくれる。
　道を聞くことはいたって簡単。次の **6** つの言葉で十分用件は達成できる。

（1）最初は声をかける―――「失礼します」（大きい声で）
　　　・Excusez-moi　（仏）
　　　　エクスキュゼ・モワ
　　　・Scusi　　　　（伊）
　　　　スクーズィ
　　　・Excuse me　　（英）
　　　　エキスキューズ ミー

　　笑顔で声をかける。道に迷って困っているのに笑顔は作りにくいかもしれないが、努めてニコヤカに。

（2）現在地が目的地と離れている場合―――「～へ行きたい[車で]」
（3）・Je voudrais aller a ～ [en voiture]. （仏）
　　　ジュ ヴードレ ザレ ア アン ボアチュール
（4）・Vorrei andare a ～ [in macchina]. （伊）
　　　ヴォレイ アンダーレ ア イン マッキナ
（5）・I'd like to go to ～ [by car]. （英）
　　　アイド ライク トゥ ゴー トゥ バイ カー

　　ここで「道に迷った」などと余計なことはいう必要はない。目的地の地名、都市名をはっきりいう。車を離れて道を聞きに行く場合、こちらが車で来ていることがわからない恐れがある時は、[車で]の言葉を追加する。

（6）現在地が目的地に近い場合―――「～はどこですか？」
　　　・Où est ～ ?　　（仏）
　　　　ウ エ
　　　・Dov' è～ ?　　（伊）
　　　　ドヴェ
　　　・Where is ～ ?　（英）
　　　　ウエアリズ

　　ホテル名、住所、目的地付近の建物などを聞く。住所が有効。

（7）現在地を聞く―――「ここはどこですか？」
　　　・Où sommes-nous?　　　　　　　（仏）
　　　　ウ ソンム ヌ

・Dove mi torovo in questo momento?　（伊）
・Where are we now?　（英）

地図を示しながら、自分の所在地を必ず聞き確認する。

（8）略図を書いてもらう―――「略図を書いて下さい」
・Pouvez vous me dessiner?　（仏）
・Mi può disegnare?　（伊）
・Could you draw a map ?　（英）

どうしても相手のいうことがわからない場合がある。<u>地図、メモ用紙、ペン</u>は手もとに用意しておく。

（6）「～への道順を教えて下さい」
ホテルから次の目的地に向かう場合、市内を抜け、次の目的地に通じる一般道路、高速道路までの道順を聞くようにする。
・Comment fait-on pour aller à ～ ?　（仏）
・Potrebbe dirmi la via per ～ ?　（伊）
・Please show me the way to ～ ?　（英）

出発時間も説明する―――「9時に出発したい」
・Je voudrais partir à 9.　（仏）
・Vorrei partire alle 9.　（伊）
・I want to leave at 9.　（英）

出発の時間によっては、渋滞エリアがあるので、そのエリアを避けたルートをホテルデスクが教えてくれる。最短距離だけがベストではない。

（7）聞き終わったら―――「ありがとう」
・Merci.　（仏）
・Grazie.　（伊）
・Thank you.　（英）

忘れないように！
車を止める場合の注意---安全な場所に止める。高速道路内では絶対停車（事故でない限り）しない。高速道路内に車を止めても、誰にも道は聞

けない。道を間違ったと思ったらとにかく次の出口で下りること。安全な場所を見つけるのも案外難しい。車が駐車してあったり、バス停であったり、駐車場所を探しているうちに人通りが少なくなったり、商店街がなくなってしまい、今度は道を聞く「人」を探すのに難儀することもある。

3 標識について

標識はローマ字読みすればよい。
標識は必ず自分の向う地名が出てくるとは限らない。それがために、高速道路の入口などで一瞬どちらの入口に入ったらよいのか迷うことがある。

本線の延長線上での遠隔の大都市名を表示している場合

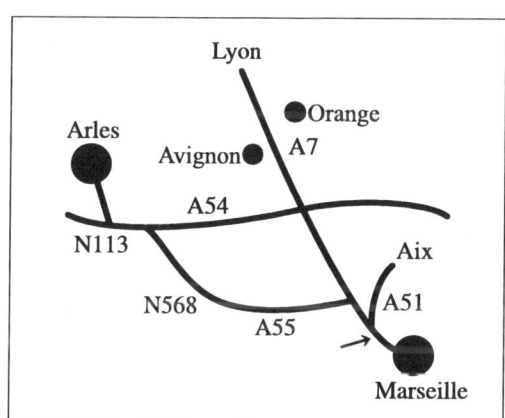

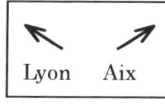

MarseilleからA7でArlesに向う。矢印の地点で右上の標識が出てくる。目的地はArles。Arlesの標識はない。ArlesはA7から途中で枝わかれ（A54とA55）したところにあるのでLyonに向う。
　LyonがA7の延長線にあることがわかれば問題はないが、何せLyonはMarseilleから300km以上も離れた都市。手前にAvignon、Orangeなど比較的知名度の高い町があっても、このように遠くても大都市名を表示している場合がある。

高速道路の料金所

9

本線での延長線上ではなく、途中枝分かれした比較的大きな都市名を表示している場合

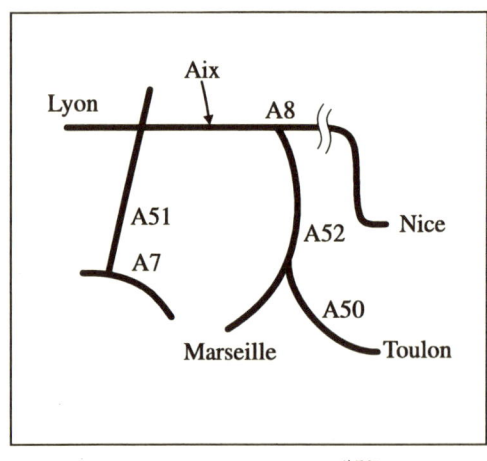

Aix-en ProvenceからNiceに向う。矢印の地点で、「Marseille, Toulon」「Avignon, Lyon」とあるが、肝心なNiceがない。Avignon, Lyonは方向が違う。Marseilleは南の方ではないか、Toulon？Toulonはどこにあるのか？入口を間違えたのかと一瞬戸惑う。実は、Marseille、ToulonともA8をNice方向に進み、途中右（A52）折れするとMarseilleとToulonに至る。従って、「Marseille、Toulon」のゲートに入ればよい。この場合はLyonの事例と異なり、本線延長線上の有名都市名でなく、本線から枝分かれした比較的大きな都市を表示している例である。つまり、目的地の延長線上にある大きな都市名ばかりではなく、周辺にある都市名をも地図で確認、方向を選択する際のアンテナにしたい。

4 レストランについて

　レストランを探すのも結構手間のかかるもの。初めての土地で、いきなり好みの店を見つけ出すのは不可能。ガイドブックにいろいろ紹介されているが、どこが良いのか選定に困る。
　フランスではレストランの店先にメニューを掲げているので、自分の好きな素材、料理があるか、料金は手頃か調べた上で入るのも一つの方法。
　無難なのは、ホテルのフロント。周辺のレストラン事情に詳しく情報収集にはもってこいである。今回はほとんどホテルのフロントの紹介によることとした。

　　●ホテルのフロントへの質問…「安くて、よいレストランを紹介して下さい」
　　　・Pouvez-vous me recommander un bon restaurant, mais pas cher?（仏）
　　　・Potrebbe indicarmi dei ristoranti buoni e economici?（伊）
　　　・Could you recommend a nice and inexpensive restaurant?（英）

　結果としては、いずれもが庶民的なレストランで、中には観光客にはあまりしら

れていない地元の人が、よく通う店もあった。

　以前、ドイツのWürzburg(ビュルツヴルク)を旅行した時、ホテルのオーナーからStachel(シュタッヘル)という1413年創業のレストランの紹介を受けたことがある。地図で場所を教えてもらい探すも見当らない。諦めようとしたところ先方からご夫婦が近づいてくる。聞いても無駄かなと思いつつ尋ねてみる。偶然にも、このご夫婦もこれからStachel(シュタッヘル)へ行くところ、ついていくことになった。通りは暗くて、店の名前は正面の壁に書いてあるが、夜目よく見ないとよくわからない。入口に辛うじて小さな明かりがあるだけ、これでは見過ごすのも当然と納得する。店の中はいっぱいの人、味は勿論文句なし。これぞ、「知る人ぞ、知る」レストラン。

●場所を聞く場合…「それはどこですか？」
　　Où y a-t-il？（仏）(ウ イ ヤ ティル)
　　Dov'è il luogo？（伊）(ドヴェ イル ルオーゴ)
　　Where is it？（英）(ウェア イズ イット)

●紹介してもらった店の特徴

（１）メニューのセンテンスが比較的短い。「素材」と「素材の部分」のみのところもあり、「素材」をさがすのにあまり苦労しない。高級なレストランほど、料理法、ソースなどが細かに書いてある傾向が強い。

（２）定食はその概念から離れたと思えるような多種類（７～８種類のところもある）から選べる楽しみがある。

（３）体調を考え決して無理することなく、１品のみの注文でもＯＫの店ばかり。品数を揃えるようなことに気遣うこともない。服装もカジュアルスタイルでも問題なし。

（４）味はどうであったかというと、大変満足のいくものであった。どちらかといえば薄味。但し、Miramar (Marseille)(ミラマル マルセイユ)のbouillabaisse(ブーヤベス)は好き嫌いの評価がわかれる。

（５）一般的に分量が多い。前菜だけで腹一杯ということにもなる。

◎料金の通貨表示について
　2002年１月１日からユーロ通貨流通したことにより本書に掲載のすべてのメニューは €・Eur 表示になっている。（一部旧通貨併記のところもある）

◎「仏語」、「伊語」「英語」のメニュー用語は、拙著『グルメの旅のパスポート』（燃焼社）に掲載。

5 レストランのメニュー構成（フランス編）

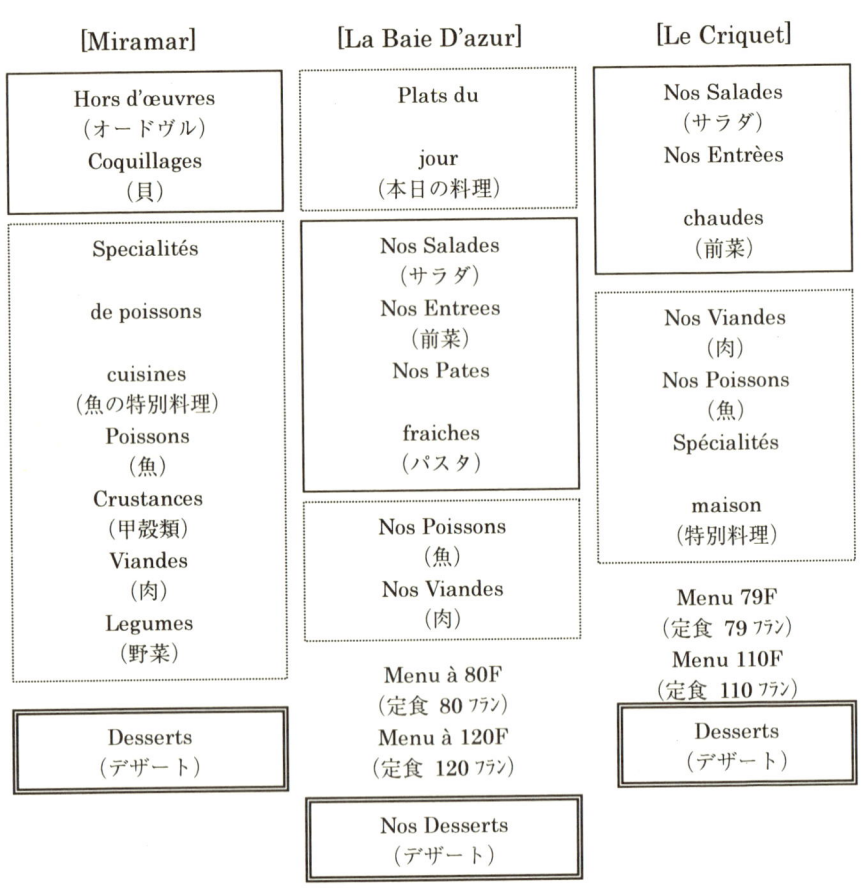

(1) レストラン「Miramar」（マルセイユ）、「Baie D'azur」（ニース）、「Criquet」（アルル）のメニュー構成を表にしたもの。

(2) 一般的に前菜、主菜、デザートと表現される。店によって表現方法が異なる場合があるので惑わされないようにする。基本は同一。前菜を　　　　、主菜を　　　　、デザートを　　　　にグループ分けした。Menu は「ムニュ」と発音し、定食を意味する。

(3) いずれの店も飲み物の注文を聞いてくるので、ビール（bière）、ワイン（白ワイン…vin blanc、赤ワイン…vin rouge）、水（eau mineral san gazeuse）など好みのものを注文する。

6 レストランのメニュー構成（イタリア編）

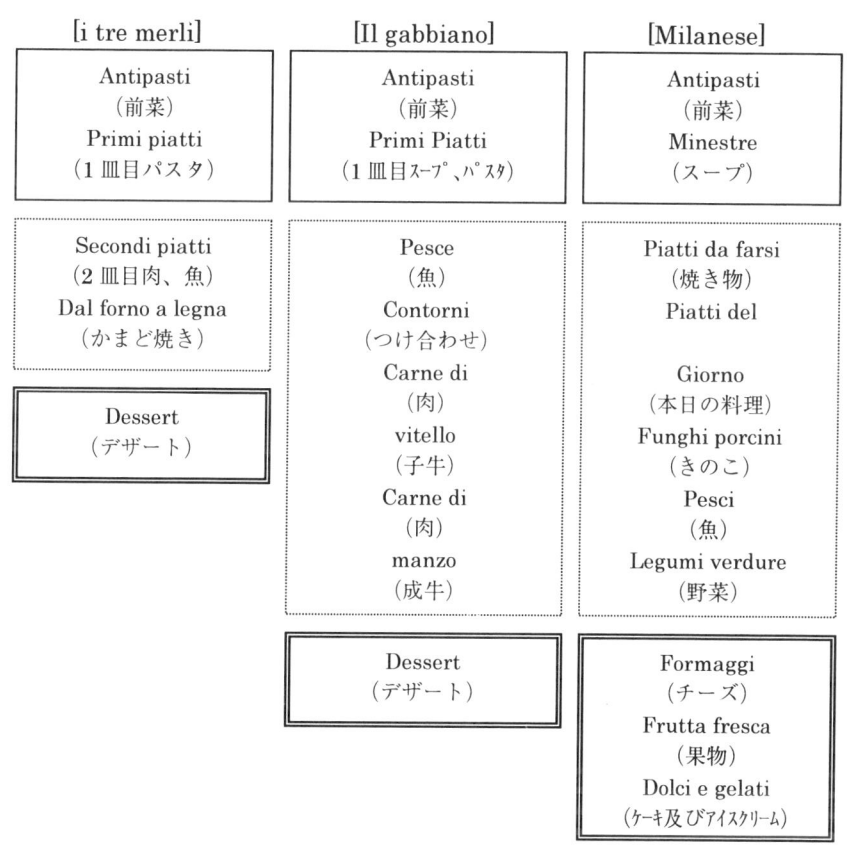

(1) レストラン『i tre merli』（ジェノヴァ）、『Il gabbiano』（コモ）、『Milanese』（ミラノ）のメニュー構成を表にしたもの。

(2) 一般的に Antipasti（前菜）、primi piatti（パスタ）、secondi piatti（主菜）、dessert（デザート）と表現される。店によって表現方法が異なる場合があるので惑わされないようにする。Secondi piatti に変化が見られる。前菜を☐☐☐☐、主菜☐☐☐☐、デザート☐☐☐☐にグループ分けにした（チーズはデザートではないが暫定的にデザートに含めた）。

(3) いずれの店も飲み物の注文を聞いてくるので、ビール（birra）、ワイン（白ワイン…vino bianco、赤ワイン…vino rosso）、水（acqua naturale）など好みのものを注文する。

（注）食事が終わったら勘定、手をあげて合図をする。
『勘定願います。』…L'addition, s'il vous plait.（仏）
　　　　　　　　　Il cont, per favore.（伊）
　　　　　　　　　Check, please.（英）

必ず使う言葉。覚えておこう。

7　Marseille のレストランメニュー

　Marseille est un éblouissement, un port millénaire, une ville composée mystérieuse et secrète, dont les habitants connaissent les parcours intimes comme par enchantement.
　「マルセイユは驚嘆に値する。港は千年の歴史。街は神秘的静寂。そこに住む人は魔法のごとく歴史の流れを心底知りつくしている。」

ホテル
☆☆☆
Citadines
Marseille centre
4, place bertas Marseille 13001
フランス国内に 41 カ所。自炊設備有。
2 人部屋 69 室、3～4 人部屋 31 室、5～6 人部屋 1 室。

14

レストラン

『Le Miramar』
12, quai du port
13002 Marseille

Bouillabaisse（ブイヤベース）で有名な店。メニューに la vraie bouillabaisse とわざわざ「本物」とうたっている。rouille といわれる赤錆色ソースはなかなか難しい味。その食感は評価が分かれる。量も結構多い。

[MIRAMAR のメニューの読み方と日本語訳]

Hors D'œuvres（オードヴル）

内は素材

Sardines crues marinées à l' huile d' olives et citron ---80.00F
サルディンヌ クリュ マリネ した オリーブ油 及び レモン
イワシ 生の

Salade de la MER à l' Italienne ---110.00F
サラド ドゥ ラ メール ア リタリアンヌ
サラダ 海の幸 イタリア風

Flan d' Orties de MER au beurre rouge (création) ---80.00F
フラン ドォルティ ドゥ メール オ ブール ルージュ クレアシオン
タルト ①イラクサ 海 バター 赤い 創作
① orties…イラクサ科の多年草、葉は卵円形。

Soupe de poissons du pêcheur, rouille, croûtons ---80.00F
スープ ドゥ ポワソン ドゥ ペシュール ルーユ クルトン
スープ 魚 漁師 ルイユ クルトン

Soupe glacée de Melon au gingembre ---85.00F
スープ グラセ ドゥ メロン オ ジャンジャンブル
スープ 冷やした メロン ショウガ

Gaspacho de Langouste en velouté de tomates et coriandre ---170.00F
ガスパッチョ ドゥ ラングスト アン ヴルーテ ドゥ トマト エ コリアンドル
冷製スープ 伊勢エビ 濃厚ソース トマト 及び コリアンダー

Macaronnade de seiches et scampi à l' huile de pistou, copeaux de parmesan
マカロナード ドゥ セーシュ エ スカンピ ア リュイール ドゥ ピストゥ コポ ドゥ
ごたまぜ 甲イカ 及び エビ 油 ピストゥ こっぱ
パルメザンチーズ

Terrine de Chapon de MER arlequin, sauce vierge ---95.00F
テリーヌ ドゥ シャポン ドゥ メール アルルカン ソース ヴィエルジュ
テリーヌ カサゴ 海 アルルカン ソース ヴァージン

Vichysoise glacée aux févettes et sorbet au basilic ---95.00F
ヴィシソワーズ グラセ オ フェヴェット エ ソルベ オ バジリーク
ポタージュ 冷やした そら豆 及び シャーベット バジリコ

Salade de Rougets aux pointes d' asperges vertes ---110.00F
サラド ドゥ ルージェ オ ポワント ダスペルジュ ヴェールト
サラダ ヒメジ 先端 アスパラガス 生の

15

Tarte fine feuilletée à la compote de pommes d'amour タルト　上質の　折りパイ　　　　　　　　　コンポート　　　　　　　　　　トマト	---90.00F
Queues de langoustines rôties au basilic et légumes 胴の部分　　伊勢エビ　　ローストした　　バジリコ　及び　野菜	---120.00F
Lasagnes aux crabes à la sauce de Favouilles ラザーニャ　　　カニ　　　ソース　　　　　カニ	---100,00F

《注1》　メニューの文頭周辺で、素材を見つけ出すのが第一のポイント。好きな素材が見つかれば、どのように調理されているのか、つけ合わせは何かを探す。慣れないうちはとりあえず素材で選択をする。この方法は主菜、本日の料理、特別料理であっても変わらない。

《注2》　「名詞」de「名詞」のように「名詞」をdeで挟んでいる場合は、後の「名詞」は素材を示し、前の「名詞」は「素材の部分」もしくは、「調理された状態」を表している。

《注3》　前置詞、接続詞、冠詞については特に神経質になる必要はないが、大事な意味を持つものがあるので覚えておきたい。「ou」が代表例。「ou」(「ウ」と発音) は「もしくは」を意味しているので、メニューの中に出てきたら、これはあなたがいずれかを選ぶのですよという催促の文字。必ず、いずれかを意志表示をする。
例えば、後述の Poissons のところで、grillée ou à la vapeur ou en croute、「ou」が2カ所ある。2カ所ということは3種類の中から1種類を選ぶことになる。従って、「焼く」、「蒸す」、「包む」のどれかを決める。deとduは多用され、両方とも「の」と訳す。etは「および」、avecは「ともに」、auとauxは「～で」、à laは「～風」、le、la、lesは冠詞で訳さなくてよい。

《注4》　素材用語は拙著『グルメの旅のパスポート』(燃焼社出版) を参照。

Coquillages（貝）

Fines de Claires N° 3　les 6 pièces 養殖カキ　　　　　　　　　6コ pain de seigle, beurre, citron, compris パン　ライ麦　バター　レモン　含む	---46.80F
Specialités de Poissons Cuisines 特別　　　　　　魚　　　料理	
Poisson du Golfe du jour grille au beurre de "pissala" et olives noires de Nice 魚　　湾　　本日　焼いた　バター　　ピサラ　及びオリーブ　黒い ニース	---170.00F

Fricassée de Homard, au muscat de Samos, tagliolini　　---250.00F
フリカセ　ドゥ　オマール　オ　ムスカ　ドゥ　サモス　　タリオリーニ
フリカッセ　オマール海老　　ナツメグ　　ギリシャ　細めの平打パスタ

Croustillant de Saint-Pierre au beurre de Miel et Crêpe de Maïs---180.00F
クルスティアン　ドゥ　サン ピエール　オ　ブール　ドゥ　ミエル　エ　クレープ　ドゥ　マイース
パリパリした　　的　鯛　　バター　　　ミエル　及び クレープ　　とうもろこし

Darne de Daurade en marinade exotique, gaufrettes de patates douces
ダルヌ ドゥ　ドラド　アン　マリナード　エグゾティク　ゴフレットゥ　ドゥ　パタート　ドゥース
厚い筒切り　鯛　　　マリネ　　異国風　　　　　　ポテトチップ　　　甘い
　　　　　　　　　　　　　　　　　　　　　　　　　　　　　　　　　　---190.00F

Cocons de soles et darioles d'asperges, crème de tomates au basilic
ココン　ドゥ　ソール　エ　ダリョール　ダスペルジュ　クレーム　ドゥ　トマト　オ　バズィリック
あんかけ　　舌びらめ　及び　ムース　　　アスパラガス　クリーム　　　トマト　　　バジリコ
　　　　　　　　　　　　　　　　　　　　　　　　　　　　　　　　　　---190.00F

Loup craquant à l'unilatéral et brandade d'artichauts à la crème d'ail
ルー　クラカン　ア　リュニラテラル　エ　ブランダード　ダルティショ　ア　ラ　クレーム　ダーユ
スズキ　カリカリした　片面　　　　及び ピューレ　　アーティチョーク　　クリーム　ニンニク
　　　　　　　　　　　　　　　　　　　　　　　　　　　　　　　　　　　　　ドゥ
doux　　　　　　　　　　　　　　　　　　　　　　　　　　　　　　　---180.00F
甘い

Escalope de Loup au fenouil confit, en émulsion de moules　---190.00F
エスカロップ　ドゥ　ルー　オ　フヌイユ　コンフィ　アン　エマルション　ドゥ　ムール
ソギギリ　　　スズキ　　ういきょう　酢づけ　　　乳化　　　　　　　ムール貝

（同じ「Loup」でも craquant, escalope の 2 種類がある。）

SAR à la Raimu, à l'ail et aux poivrons, à la crème de brebis ---210.00F
サル　ア　ラ　ライミュ　ア　ラーユ　エ　オ　ポワーヴロン　ア　ラ　クレーム　ドゥ　ブルビィ
イワシ　　　ライム　　　ニンニク 及び　　ピーマン　　　　クリーム　　　　羊

ポワソン
Poissons(魚)

LA VRAIE Bouillabaisse "Miramar"(20 minutes)　par personne ---280.00F
ラ　ブレ　　ブイヤベス　　　ミラマル　　ヴァン　ミニュート　パール　ペルソナ
本物の　　ブイヤベース　　　ミラマル　　20分かかる　　　　1人当り

LA VRAIE Bouillabaisse "Miramar"(20 minutes)
ラ　ブレ　　ブイヤベス　　　ミラマル　　ヴァン　ミニュート
本物の　　ブイヤベース　　　ミラマル　　20分かかる

　　　　　　　　　　　　　　　　　　　　パール　ペルソナ　アヴェック　ラングスト
　　　　　　　　　　　　　　　　　par personne avec langouste
　　　　　　　　　　　　　　　　　　　　1人当り　　つき　　伊勢エビ
　　　　　　　　　　　　　　　　　　プリ　スロン　ル　プワ　ドゥ ラ　ラングステ
　　　　　　　　　　　　　　　　　prix selon le poids de la langouste
　　　　　　　　　　　　　　　　　　料金　による　　重さ　　　伊勢エビ

・Bouillabaisse には伊勢エビが付かないものと、付くものの2種類がある。
・調理時間に 20 分かかる。

17

・vraie（本物）Bouillabaisse と差別化を強調している。
・伊勢エビは重さにより精算される。

LA VRAIE Bourride "Miramar" (sur commande seulement 24 heures)
本物の　②ブリード　ミラマル　　　注文には　　少なくとも　24時間
---290.00F

②魚を煮、煮汁を漉し、アイヨリを加えたプロヴァンス地方スープ

La Bouillabaisse et la Bourride ne sont réalisées que pour deux personnes minimum (Bouillabaisse と Bourride は最低2人から注文を受ける。)

Loup du Golfe (Bar en Atlantique)
スズキ　湾　スズキ　　　　　　大西洋
grillé, ou à la vapeur d'algues, ou en croûte de sel
焼く　もしくは　蒸す　海草　もしくは　包む　塩
les 100g ---52.00F
100g 当り

(「ou」が2カ所あるので、grillé、vapeur、croûteのいずれかを選択する。)

Daurade royale (Dorade en Atlantique)
鯛　ロイヤル　鯛　　　　　　大西洋
grillée, ou à la vapeur d'algues, ou en croûte de sel
焼く　もしくは　蒸す　海草　もしくは　包む　塩
les 100g ---49.00F
100g 当り

SAR de Méditerranée
イワシ　　地中海
grillé, ou à la vapeur d'algues, ou en croûte de sel
焼く　もしくは　蒸す　海草　もしくは　包む　塩
les 100g ---49.00F
100g 当り

SAR…Sardine の略

(Loup、Daurade、SARとも「焼く」、「蒸す」、「包む」から選ぶ。)

Rougets de Roches
ヒメジ　　岩礁
grillés, ou meunière, beurre fondu
焼く　もしくは　ムニエル　溶かしバター
les 100g ---49.00F
100g 当り

（grillés かmeunièreを選択する。）

Sole grillée, ou meunière beurre citron, ou frite à l'huile　　　les 100g ---48.00F
平目　焼く　もしくは　ムニエル　バター　レモン　もしくは　揚げる　油　　　100g当り

（grillée, menière, friteのいずれかを選択）

Les poissons sont accompagnés de mousseline à l'huile d'olive et de rémoulade　（魚はオリーブ油でムースし、レムラードする。）

Disponibles suivant les arrivages du jour　（その日の水揚げによりメニューが変わる。）

Crustaces
甲殻類

Langouste rouge royale, grillée, beurre fondu　　　les 100g ---80.00F
伊勢エビ　赤い　ロイヤル　焼く　溶かしバター　　　100g当り

Homard Européen, grillé, beurre fondu　　　les 100g ---60.00F
オマール海老　ヨーロッパの　焼く　溶かしバター　　100g当り

Please note: fish prices are quoted as French Franc's per 100g×weight for total price of all fish courses and lobsters.（伊勢海老を含む魚の料金は全て100g当たりのフランスフラン×重さで計算される。）

Viandes
肉

Filet de bœuf grillé, sauce Béarnaise　　　---150.00F
フィレ　ドゥ　肉　焼く　ソース　ベアルン地方

Châteaubriant grillé, sauce Béarnaise (2 personnes)　　　---320.00F
牛フィレ肉の厚切り　焼く　ソース　ベアルン地方　2人前

Tournedos Rossini, truffes, porto, foie-gras　　　---260.00F
③トルヌドス　ロスイニイ　トリフ　ポルト酒　フォアグラ

③ 牛フィレ肉をソテーし、ポルト酒、トリフ・エッセンス、ドミグラスソースでデグラセしてソースとし、トリフのスライスを肉の上におきソースをかけた料理。

Véritable Cassoulet Toulousain maison au confit de canard ---140.00F
ベリタブル カズレ トゥールーザン メゾン オ コンフィ ドゥ カナル
本物の ④カズレ トゥールーズ 特製 脂漬け カモ

④白いんげん豆、ベーコン、玉ねぎなど野菜を土鍋で煮込んだ料理

Legumes
レギュム
野菜

Salade verte de saison ---30.00F
サラド ベールト ドゥ セゾン
　　　季節の野菜

Gratin Dauphinois ---32.00F
グラタン ドフィヌワ
⑤グラタン ドフィネ地方

⑤ニンニクをこすりつけた皿にスライスしたジャガイモとクリームを入れオーブンで焼いたもの。

Desserts
デゼール
デザート

Plateau de fromages ---65.00F
プラトー ドゥ フロマージュ
　　チーズの盛り合わせ

commandez nós nouveaux desserts pour gourmands au debut de votre
コマンデ ノ ヌーボー デゼール プール グールマン オ デビュ ドゥ ヴォトル
repas (デザートは食事の始めにご注文を)
ルパ

Apéritif Anisé (食前酒アニス酒)　　　　　3.5 cls ---30.00F
アペリティフ アニセ　　　　　　　　　　　　　サンティリトル
　　　　　　　　　　　　　　　　　　　　　　　　1/100 リットル
Domaine Gavoty Cuvée Clarendon (赤ワイン)　75 cls ---150.00F
ドマーン ガボォティ キュヴェ クランドン　　　サンティリトル
Domaine du Bagnol blanc (白ワイン)　　　 75 cls ---140.00F
ドマーン デュ ヴァニョル ブラン　　　　　　サンティリトル
Domaine Caillol blanc (白ワイン)　　　　 75 cls ---135.00F
ドマーン カヨール ブラン　　　　　　　　　　サンティリトル
Château Barbeyrolles Pétales de Roses (ロゼワイン) 75 cls ---86.00F
シャトゥ バーベイロールユ ペタル ドゥ ロゼ　　サンティリトル
ロゼワイン……黒ブドウを皮ごとつぶし、色付いてから搾り、発酵させたもの。薄赤色している。

Jus de fruit (フルーツジュース) ---25.00F
ジュ ドゥ フリュイ
Orangina (オレンジジュース) ---25.00F
オランジーナ
Vin en pichet (ピッチャー入りワイン) 25cls ---15.00F
ヴァン アン ピッシェ
Eau Minérale (水) 100cls---30.00F, 50cls---19.00F
オ ミネラル
Bière Krönenbourg 25cls---28.00F
ビエール クレーネンブルク
Café Maison ---25.00F
カフェ メゾン
　　コーヒー

20

☆☆☆☆☆ 注文の仕方 ☆☆☆☆☆

●注文の仕方は1人ずつ、自分の注文したいものを指し示すだけでよい。

[MIRAMARのメニュー構成]

Hors d'œuvres オードヴル	----- A
Coquillages 貝	----- B
Specialités de poissons cuisines 魚の特別料理	----- C
Poissons 魚	----- D
Crustaces 甲殻類	----- E
Viandes 肉	----- F
Legumes 野菜	----- G
Desserts デザート	----- H

Le Miramarは定食がない。アラカルトのみ。A, Bが前菜、C~Fが主菜。Gは付け合わせ。取っても取らなくてもよい。一般的なコースはA, Bから1品、C~Fから1品、Hから1品の計3品(Gはお好み)となるが、C~Fから1品のみの注文もOK。この店の特徴は何といっても Bouillabaisse。Specialitésも看板メニュー。

一般的に、デザートの注文はメイン料理を食べ終わってからになるが、ここでは料理の注文と同時に行う。

8 Marseille→Arles ドライブとレストランメニュー (6/2)

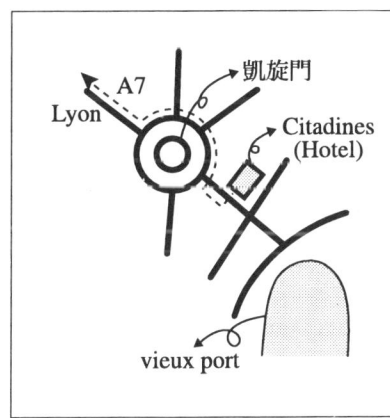

Charles 駅裏にある H 社営業所に出向き check-out (借りるときを check-out、返す時を check－in という)。Hotel Citadines から Charles 駅へ向う bernard 通りは少し雰囲気悪し。

いよいよレンタカー始動開始。①Hotel Citadines から直進すると凱旋門があるロータリー。A7に入る前に標識 Fos/Mer/Martigues (地名で、A55とN568方面にある)。これに従う。ここでいきなり珍事。

ホテルを出てわずか 1km 足らず。ロータリーを回ろうとしたところ、後続車からクラックション。最初は何の事かわからず無視するも、またまたクラックション。

21

バックミラーを見るとトランクが開いているではないか！　締め忘れたのか？そんな筈はない。車を止め、トランクを締めにかかる。しかし、何回試みてもキャッチングできず。別に異物が邪魔していた訳ではない。"何だ、このポンコツ車め！"と怒り心頭。

そこで、トランクの中央付近で締めていたのを左端に場所を変えてみたところ意外にもピタリと締まる（正確な回数はよくわからないが、10回ぐらいでやっと締まる）。ホッとする間もなく、念のためトランクの中を調べる。バック3個を下側にして、もう1個のバッグをその上に、ジャケットを共に積んだ。が、上に積んだはずのバッグとジャケットの姿見当らず。ドキッ!?　滑り落ちたのか？そういえば、ホテルを出てからロータリーへ向う道は上り勾配。慌てて引き返し探すもどこにもない。この間10分もたっていないのに。

何故、走行中にトランクが開いてしまったのか、また、この直後のみキャッチングが悪かったのか合点いかない。ハタッと思い当る。それはcheck－out手続中の出来事。目の前に後部左角に当て傷（ブレーキランプのカバー割れ、角にかなりの凹みあり）のあるpremium E200が止まる。誰が乗るのかなぁ、これから修理に持っていくのかな、予約した車種（compact automatic）とも違うと眺めていたところ突然この車に乗れと言う。ビックリ、目が醒める。少し変形しているものの、走行には支障はないとの説明で渋々了承した経緯のことである。

トランクを締める時は常に異物を挟んでいないかを確認している。走行中には車内のスイッチ類には触れていない。信号にも停まっていないので、人為的にトランクを開けられ強奪された訳でもない。ひょっとしたらこの当て傷が引き金になったのではないか？

原因はこれしかない。この当て傷そのものにより開閉機構に異状を来したのか、もしくは以前から車両に何らかの問題がありこの当て傷がトラブル発生に至らしめたのではないか。いずれにせよ「車両の欠陥」によるものに違いないと判断。H社に原因究明と補償を求めることにした。

以上が珍事の概要。求償結果は「車両の欠陥によるものではない」と一蹴される。（詳細理由はP95-96に記述）

気をとり直して、さぁArlesへ。

A7に入ってしばらくして、「LyonとAix-en-Provence」の標識。「Lyon」に進む。この分岐を過ぎると「Martigues」

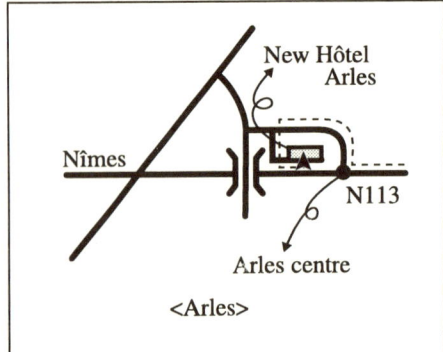

<Arles>

22

と「Avignon」にわかれる。どちらを選んでもN113で合流する。「Avignon　A7」を選ぶ。左側にÈtang de Berre（ベールの池）を見ながら走行。ArlesとAvignonとに分岐、Arlesに向う。料金所がある。ここはカード受取（自動）のみ。しばらくすると料金の徴収所。係員がいる。料金デジタル表示、21FF。

　Arlesの中心部にむかう。Arles centre（アルル市の中央部）で下りる（出口は「sortie」で表示）。N113を下りて約200m、橋を越える道路に突き当るが、その道に合流せず、手前の道を左折、橋の袂からさらに左折すればNew Hôtel Arles。（Arlesの発音が難しい。「r」と「l」が中央にある場合は特に難しい。普通に「アルル」といっても、まず通じない。どうしても聞きたい時は綴りを紙に書いて聞いてみる）。

Arles

Ici, la nature est extraordinairement belle. Tout est parfait, la coupole du ciel est d'un bleu adomirable, le soleil a un rayonnement de soufre pâle [Vincent Van Gogh]　（自然が飛び抜けて美しい。全てが完璧。空は抜けるように青く、太陽は青白い硫黄の輝きを放っている　[ヴァン　ゴッホ]。）

ホテル
☆☆☆
New Hôtel Arles-Camargue
45, avenue Sadi-Carnot 13200 Arles
N113のArles centreを下りてすぐ。Arènesまでは500〜600mと至近距離。67室、プール、駐車場有。

[New Hôtel のメニューの読み方と日本語訳]

上段：仏語、下段：(英語)、☐：素材

Entrées〈前菜〉
(Starters)

 Escalopine de magret fumé et son caviar d'aubergines ・・・38F
 切り身　　ガチョウの胸肉　燻製　及び　キャビア風　　ナス
 (Sliced breast of duckling with eggplant caviar)

 Printanière d'asperges vertes au saumon fumé ・・・45F
 春の　　アスパラガス　緑の　　鮭　燻製
 (Asparagus and smoked salmon)

 Assiette de rouille d'encornet à la mode Gardoise ・・・35F
 料理　　ルイユ　　ヤリイカ　　ガルドーズ風
 (Squid plate Gardoise style)

 Salade de Saint Jacques sautées en persillade ・・・52F
 サラダ　　帆立貝　　ソテー　きざみパセリとニンニク
 (Sauted of scallops on salad, parsley and garlic sauce)

 Croustillant de pélardon ・・・48F
 カリッとした料理　山羊のチーズ
 (Puff pastry of goat cheese)

Poissons〈魚〉
(Fish dishes)

 Gourmandise de gambas poêlées ・・・90F
 　美食　　　　車海老　ポアレ
 (Fried prawns)

 Filet de dorade grillé aux éfluves de pistou ・・・60F
 フィレ　　鯛　焼いた　　ソース　　ピストー
 (Grilled black sea bream, basil garlic sauce)

24

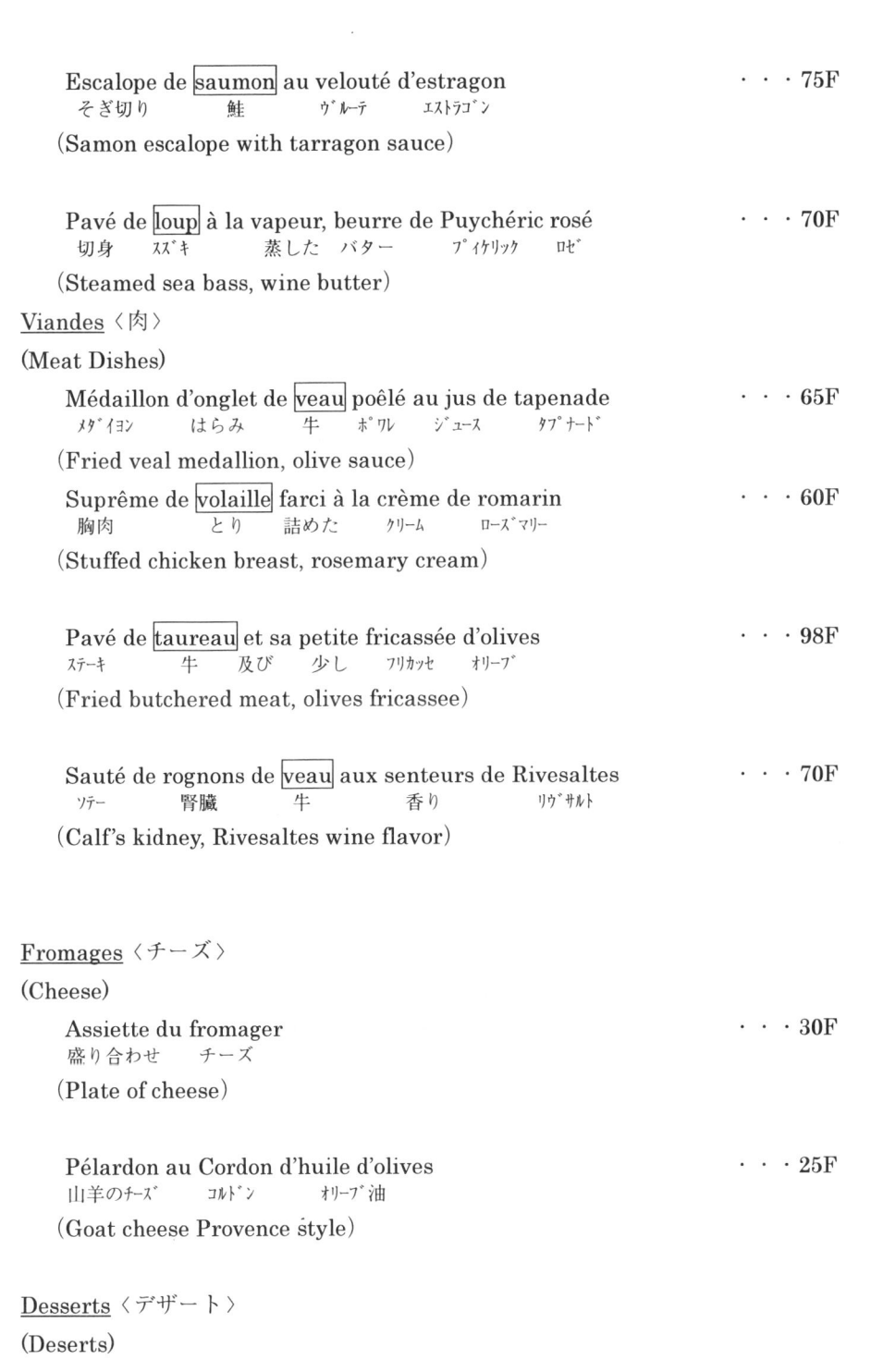

Escalope de saumon au velouté d'estragon　　・・・75F
そぎ切り　　鮭　　ヴルーテ　エストラゴン
(Samon escalope with tarragon sauce)

Pavé de loup à la vapeur, beurre de Puychéric rosé　　・・・70F
切身　スズキ　　蒸した　バター　　プイケリック　ロゼ
(Steamed sea bass, wine butter)

Viandes 〈肉〉

(Meat Dishes)

Médaillon d'onglet de veau poêlé au jus de tapenade　　・・・65F
メダイヨン　はらみ　　牛　ポワレ　ジュース　タプナード
(Fried veal medallion, olive sauce)

Suprême de volaille farci à la crème de romarin　　・・・60F
胸肉　　　とり　詰めた　　クリーム　ローズマリー
(Stuffed chicken breast, rosemary cream)

Pavé de taureau et sa petite fricassée d'olives　　・・・98F
ステーキ　牛　　及び　少し　フリカッセ　オリーブ
(Fried butchered meat, olives fricassee)

Sauté de rognons de veau aux senteurs de Rivesaltes　　・・・70F
ソテー　　腎臓　　牛　　香り　　リヴサルト
(Calf's kidney, Rivesaltes wine flavor)

Fromages 〈チーズ〉

(Cheese)

Assiette du fromager　　・・・30F
盛り合わせ　　チーズ
(Plate of cheese)

Pélardon au Cordon d'huile d'olives　　・・・25F
山羊のチーズ　　コルドン　　オリーブ油
(Goat cheese Provence style)

Desserts 〈デザート〉

(Deserts)

25

Bavarois au citron et zests confits ・・・25F
ﾊﾞﾊﾞﾛｱ　　　ﾚﾓﾝ　及び 皮　漬けた
(Bavarian lemon and peel)

Craquelin de crème mousseline aux fruits rouges ・・・28F
ﾋﾞｽｹｯﾄ　　　ｸﾘｰﾑ　　ﾑｰｽ　　果物　赤い
(Cracknel mousseline cream)

Palette du maitre glacier et sa mosaique de coulis ・・・30F
ﾊﾟﾚｯﾄ　　支配人　ｱｲｽｸﾘｰﾑ 及び　ﾓｻﾞｲｸ　　ﾋﾟｭｰﾚ
(Choise of ice cream)

Notre chef vous suggère 〈おすすめ〉

(Our chef' suggestion)

- Menu à 125 Frs
  定食　　125 ﾌﾗﾝ
- Ou sa formule autour d'un plat à 90 Frs
  もしくは　方式　～で　主菜　　90 ﾌﾗﾝ
  Entrée et Plat ou Plat et Dessert
  前菜　及び 主菜もしくは主菜及び ﾃﾞｻﾞｰﾄ

☆☆☆☆☆ 注文の仕方 ☆☆☆☆☆
[New Hôtel のメニュー構成]

Entrées	・・・A
Poissons	・・・B
Viandes	・・・C
Fromages	・・・D
Desserts	・・・E

1．アラカルトの場合

　　Aから1品、BもしくはCから1品、Eから1品、計3品（Dはお好み）がオーソドックスな注文であるが、BもしくはCから1品でもOK。

2．定食の場合

　　このホテルの定食は125Frsと90Frsの2種類がある。125FrsはAから1品、BもしくはCから1品、Dもしくは Eから1品、計3品注文できる。90Frsの定食の選び方が少し変わっている。2つの方法があって、Aから1品、BもしくはCから1品、計2品かBもしくはCから1品とEから1品、計2品いずれかの方法を選ぶ。

レストラン

Le Criquet
21, rue Porte de
Laure 13200 Arles

こぢんまりとした店。順番待ちの人が外に溢れている。中が一杯でも申し込んでおく。申し込むといっても難しくない。人数のみ言えばよい。相手は顔を覚えていてくれる。仏語であれば、un（1人）、deux（2人）、trois（3人）、英語であれば、one, two, three。メニューは全て筆記体になっているので、少し読みづらい。まず、筆記体のメニューを紹介し、その後でメニューの読み方と日本語訳を説明する。

[Le Criquet のメニュー]

Nos Salades

Salade provençale	45 Frs
Salade de petits poulpes aux basilics	45 Frs
Salade de chèvre chaud	42 Frs
Salade de tomates à l'huile d'olive et au basilic	40 Frs
Papeton d'aubergine et son coulis de tomate aux basilic	44 Frs
Salade Niçoise	45 Frs
Salade de rouget aux noix	45 Frs

Nos entrées chaudes

Soupe du pêcheur (avec sa rouille et ses croûton a l'ail	40 Frs
Soupe de poissons aux moules	45 Frs
Moules sautées à la Marseille	42 Frs
Persillade de saint Jacques	50 Frs
Ravioles à la crème fraîche aux basilic	44 Frs

Nos viandes

Daube de taureau	50 Frs
Lapin à la tapenade	60 Frs
Pavé de taureau grillé	85 Frs
Magret de canard sauce poivre vert	70 Frs
Gigot d'agneau rôti aux herbes de Provence	60 Frs
Petite caille sautée à la provençale	65 Frs

Nos poissons

Petite queues de lotte persillée	75 Frs
Filet de loup sauce au citron	85 Frs
Rouille du pescadou	50 Frs
Filet de daurade à la crème de romarin	60 Frs

Spécialités Maison

Bourride des calanques

Filets de daurades, queues de lotte, mélangés avec une
Soupe de poissons des pommes de terre et de l'aioli

85 Frs

Panachés de coquillages à l'aioli

Moules, Tellines, Escargots de mer, Petites Gambas, Amendes, Filets de poissons, Pommes de terre grillée avec de l'huile d'olive et des herbes de Provence

85 Frs

Menu 79 Frs

Soupe du pêcheur (avec sa rouille et ses croûton à l'ail)

Ou

Papeton d'aubergine et son coulis de tomate aux basilics

Ou

Salade de petits poulpes au basilic

Ou

Moules sautées à la Marseillaise

Daube de taureau

Ou

Rouille du pescadou

Ou

Lapin à la tapenade

Ou

Gigot d'agneau rôti aux herbes de Provence

Ou

Filet de daurade à la crème de romarin

Fromage de chèvre

Ou

Dessert

Tous nos plats sont accompagnés de légumes du jour

Menu 110 Frs

Persillade de saint-jacques

Ou

Salade provençale

Ou

Ravioles à la crème fraîche et aux basilics

Ou

Salade de rouget aux noix.

Ou

Soupe de poissons aux moules (avec sa rouille et ses croûtons à l'ail)

Pavé de taureau grillé aux herbes de Provence

Ou

Petite queue de lotte persillée

Ou

Petite caille sautée à la provençale

Ou

Magret de canard sauce poivre vert

Ou

Filet de loup sauce au citron

[Le Criquet のメニューの読み方と日本語訳]

☐ は素材

Nos Salades
サラダ

Salade Provençale --- 45 Frs
サラダ ①プロヴァンス風

① オリーブオイル、トマト、ニンニク使用。

Salade de petits poulpes aux basilics --- 45 Frs
サラダ 小さい タコ バジリコ

Salade de chèvre chaud --- 42 Frs
サラダ 山羊 温かい

Salade de tomates à l'huile d'olive et au basilic --- 40 Frs
サラダ トマト オリーブ油 及び バジリコ

Papeton d'aubergine et son coulis de tomate aux basilic --- 44 Frs
②パプトン ナス 及び ピューレ トマト バジリコ

② オリーブオイルで炒めピューレしたナスなどをミキサーにかけ、卵・牛乳・ニンニク・カイエンヌペッパーと混ぜ、湯せんにかけ、炒めピューレしたトマトをかけるもの。

Salade Niçoise --- 45 Frs
③サラダ ニース風

③ トマト、キュウリ、ピーマン、そら豆等の野菜、ゆで卵、アンチョビ、黒オリーブ、ニンニク、バジリコのドレッシングをかけたサラダ。

Salade de rouget aux noix --- 45 Frs
サラダ ヒメジ くるみ

Nos Entrées chaudes
前菜 温かい

Soupe du pécheur (avec sa roille et ses croûton a l'ail) --- 40 Frs
スープ 魚介類 つき ルイユ 及び クルトン ニンニク

Soupe de poissons aux moules --- 45 Frs
スープ 魚 ムール貝

Moules sautées à la Marseille --- 50 Frs
ムール貝 ソテー マルセイユ風

Persillade de Saint Jacques --- 50 Frs
きざみパセリとニンニクを合わせたもの 帆立貝

Ravioles à la crème fraîche aux basilic --- 44 Frs
ラビオリ 生クリーム バジリコ

Nos Viandes
肉

Daube de taureau --- 50 Frs
蒸し煮 雄牛

Lapin à la tapenade --- 60 Frs
うさぎ タプナード

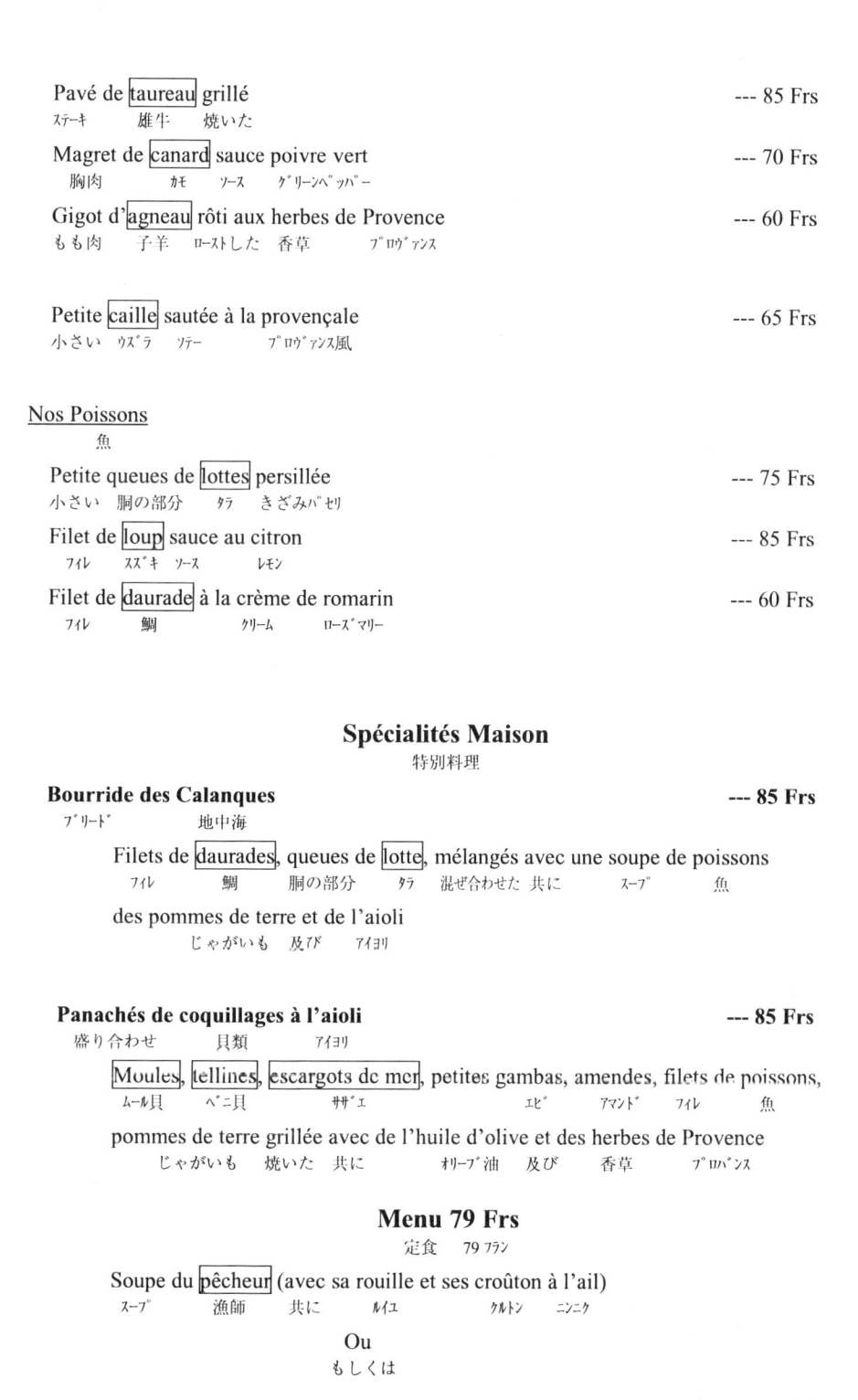

Pavé de taureau grillé --- 85 Frs
ステーキ　　雄牛　焼いた

Magret de canard sauce poivre vert --- 70 Frs
胸肉　　　カモ　ソース　グリーンペッパー

Gigot d'agneau rôti aux herbes de Provence --- 60 Frs
もも肉　　子羊　ローストした　香草　　プロヴァンス

Petite caille sautée à la provençale --- 65 Frs
小さい　ウズラ　ソテー　　プロヴァンス風

Nos Poissons
魚

Petite queues de lottes persillée --- 75 Frs
小さい　胴の部分　　タラ　きざみパセリ

Filet de loup sauce au citron --- 85 Frs
フィレ　スズキ　ソース　　レモン

Filet de daurade à la crème de romarin --- 60 Frs
フィレ　　鯛　　　クリーム　　ローズマリー

Spécialités Maison
特別料理

Bourride des Calanques --- 85 Frs
ブリード　　　　地中海

Filets de daurades, queues de lotte, mélangés avec une soupe de poissons
フィレ　　鯛　　胴の部分　タラ　混ぜ合わせた　共に　　スープ　　魚

des pommes de terre et de l'aioli
じゃがいも　及び　アイヨリ

Panachés de coquillages à l'aioli --- 85 Frs
盛り合わせ　　　貝類　　アイヨリ

Moules, tellines, escargots de mer, petites gambas, amendes, filets de poissons,
ムール貝　ベニ貝　　サザエ　　　　　　エビ　　アマンド　フィレ　　魚

pommes de terre grillée avec de l'huile d'olive et des herbes de Provence
じゃがいも　焼いた　共に　　オリーブ油　及び　香草　　プロバンス

Menu 79 Frs
定食　79 フラン

Soupe du pêcheur (avec sa rouille et ses croûton à l'ail)
スープ　　漁師　共に　　ルイユ　　クルトン　　ニンニク

Ou
もしくは

31

Papeton d'aubergine et son coulis de tomate aux basilics
　　ﾊﾟﾌﾟﾄﾝ　　　　ﾅｽ　　及び　ﾋﾟｭｰﾚ　　　　ﾄﾏﾄ　　　　　ﾊﾟｼﾞﾘｺ

　　　　　　　　　　　　Ou
　　　　　　　　　　　もしくは

Salade de petits poulpes au basilic
　ｻﾗﾀﾞ　　　　小さい　　　ﾀｺ　　　　ﾊﾟｼﾞﾘｺ

　　　　　　　　　　　　Ou
　　　　　　　　　　　もしくは

Moules sautées à la Marseillaise
　ﾑｰﾙ貝　　　　ｿﾃｰ　　　　　ﾏﾙｾｲﾕ風

[以上が前菜グループ。Ou（もしくは）が3カ所あるので、4種類の中から1品目を選択する。]

Daube de taureau
ﾜｲﾝ蒸し煮　　　牛

　　　　　　　　　　　　Ou
　　　　　　　　　　　もしくは

Lapin à la tapenade
 ｳｻｷﾞ　　　　ﾀﾌﾟﾅｰﾄﾞ

　　　　　　　　　　　　Ou
　　　　　　　　　　　もしくは

Gigot d'agneau rôti aux herbes de Provence
　もも肉　　子羊　　ﾛｰｽﾄした　　香草　　　ﾌﾟﾛｳﾞｧﾝｽ

　　　　　　　　　　　　Ou
　　　　　　　　　　　もしくは

Filet de daurade à la crème de romarin
　ﾌｨﾚ　　　　鯛　　　　　ｸﾘｰﾑ　　　ﾛｰｽﾞﾏﾘｰ

[以上が主菜グループ。4種類の中から1品目を選択する。]

Fromage de chèvre
　ﾁｰｽﾞ　　　　山羊

　　　　　　　　　　　　Ou
　　　　　　　　　　　もしくは

Dessert
ﾃﾞｻﾞｰﾄ

[チーズもしくはデザートを選択する。]

tous nos plats sont accompagnés de légumes du jour（全ての主菜には「本日の野菜」がついている。）

Menu 110 Frs
　　　定食　110 ﾌﾗﾝ

32

Persillade de Saint-Jacques
きざみパセリとニンニクを合わせたもの　帆立貝

　　　　　　　　　　　Ou
　　　　　　　　　　もしくは

Salade Provençale
サラダ　　プロヴァンス

　　　　　　　　　　　Ou
　　　　　　　　　　もしくは

Ravioles à la crème fraîche et aux basilics
ラビオリ　　　　生クリーム　　及び　　バジリコ

　　　　　　　　　　　Ou
　　　　　　　　　　もしくは

Salade de rouget aux noix
サラダ　　ヒメジ　　クルミ

　　　　　　　　　　　Ou
　　　　　　　　　　もしくは

Soupe de poissons aux moules (avec sa rouille et ses croûtons à l'ail)
スープ　　魚　　　ムール貝　共に　　ルイユ　及び　クルトン　　ニンニク

[以上が前菜グループ。Ou（もしくは）が4カ所あるので、5種類の中から1品目を選択する。]

Pavé de taureau grillé aux herbes de Provence
ステーキ　　雄牛　　焼いた　　香草　　　プロヴァンス

　　　　　　　　　　　Ou
　　　　　　　　　　もしくは

Petite queue de lotte persillée
小さい　胴の部分　　タラ　　きざみパセリ

　　　　　　　　　　　Ou
　　　　　　　　　　もしくは

Petite caille sautée à la Provençale
小さい　ウズラ　ソテー　　プロヴァンス風

　　　　　　　　　　　Ou
　　　　　　　　　　もしくは

Magret de canard sauce poivre vert
胸肉　　　カモ　　ソース　グリーンペッパー

　　　　　　　　　　　Ou
　　　　　　　　　　もしくは

Filet de loup sauce au citron
フィレ　　スズキ　　ソース　　レモン

[以上が主菜グループ。Ou（もしくは）が4カ所あるので、5種類の中から1品目を選択する。]

Fromage de chèvre et Dessert
チーズ　　　山羊 及び　デザート

［デザートにはチーズとデザートがつく。］
tous nos plats sont accompagnés de légumes du jour（全ての主菜には「本日の野菜」がついている。）
tous nos poissons sont selon arrivage（魚はその日に入荷したものに限る。）

☆☆☆☆☆　注文の仕方　☆☆☆☆☆
【Le Criquet のメニュー構成】

Nos Salades 　サラダ	----- A
Nos Entrées chaudes 　前菜	----- B
Nos Viands 　肉	----- C
Nos Poissons 　魚	----- D
Spécialités Maison 　特別料理	----- E
Desserts 　デザート	----- F
Menu 79 Frs 　定食	----- G
Menu 110 Frs 　定食	----- H

　まず、アラカルトか定食のいずれかを決める。定食「G」は前菜・主菜・デザート各1品目、計3品目選ぶ。
　定食「H」は前菜・主菜各1品目選択にチーズ、デザートの4品目となる。
　アラカルトは、A、Bから1品目、C、Dから1品目、Fから1品目、計3品目が一般的な選び方であるが、C～Eから1品目のみの注文もOK。看板メニューは Specialités Maison。

9　Arles→Nîmes ドライブとレストランメニュー（6/3）

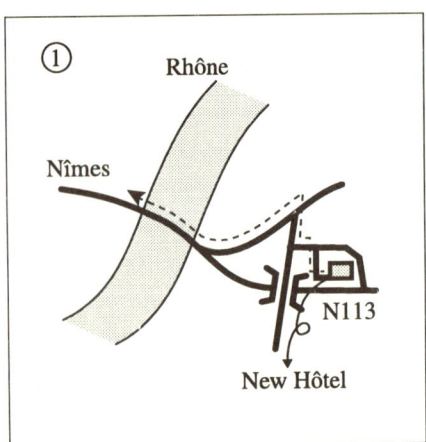

　このルートは全く簡単。N113 に入るには高速道路標識に従う。（図①）Rhône 川を渡り、しばらくすると行き先が同じ「Nîmes A54」と「Nîmes N113」とが並列表示されている。A54 は Nîmes 市街の手前で Orange と Montpellier を結ぶ A9 に合流するのに対して、N113 は Nîmes 市街の中心地に直接入るルート。N113 に入る。途中ロータリー数箇所あり。ひたすら直進。N86 と交差しているロータリーを越えると道幅が急に細くなるが迷わずまっすぐ。

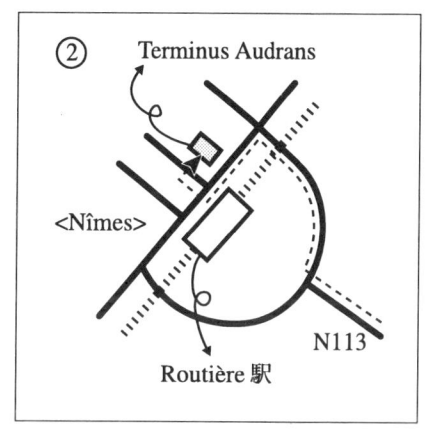

国鉄のガード下に到着、片側3車線。(図②)
一番左の車線に入り、ガードを超えたらすぐ左折。線路沿いに約200m。左側にRoutière駅。このRoutière駅の右端前にHotel Terminus Audrans。

＊　車のスピード制限は市街地で50km/h、郊外で90km/hになっているが、70km/hのところが多い。(高速道路は130km/h、ただし降雨時は110km/hに規制される。)

＊　ロータリーの運転方法---自車より右側から進入してくる車に優先権がある。ところが、すでにサークル内に入っている車に優先権があるところもあるので両方のケースに対応しながら進入する。

　つまり、ロータリーに入る前に一旦停止。先にサークル内に入っている車があればそれらを見送ってから進入開始。その際、自車からみて右側から進入しようとする車にも注意を向ける。最初の出口から目的地に向かう場合は、一番右側に寄りウィンカーを出し、抜け出していく。(イタリアではロータリー内に入っている車に優先権があるので、左側から来る車に注意する。)

Nîmes

Les arènes de Nîmes sont sans doute le monument le mieux conservé du monde romain. Inspiré du Colisée de Rome, cet amphithéâtre était essentiellement destiné aux combats de gladiateurs.

　(ニームの闘技場は疑いもなくローマ時代の最もよく保存されている遺跡である。ローマのコロシアムに鼓舞され、この円戯場は主として剣闘士の格闘の場と化した。)

ホテル
☆☆

Hôtel Terminus Audrans
23, AV. Feuchères-30000 Nîmes
Routière 駅の真ん前。
古代ローマ時代の遺跡から5分のところ。
33室、駐車場有り。

レストラン

Le Printemps
23, Avenue Feuchères
30000 Nîmes

Le Printemps のような店はどこでも見かけるタイプ。舗道に張り出した店。気軽にブラッと入っても何の抵抗も感じない。メニューは難しくなく、そのまま頭から読んでいけばよい。

[Le Printemps のメニューの読み方と日本語訳]

（　　）は英語、□は素材

Les hors d'œuvres et salades
　　オードブル　　及び　サラダ

Salade d'agrumes aux crevettes et saumon　　--- 50F　　→料理名
　サラダ　　柑橘類　　　エビ　　　サケ

salad, pamplemousse, orange, crevettes, saumon　　　　　　　→素材内容（仏語）
　サラダ　グレープフルーツ　オレンジ　エビ　　サケ

(green salad, grapefruit, orange, prawns, salmon)　　　　　→素材内容（英語）

Salade Grecque　　--- 45F
　サラダ　　ギリシャ風

tomates, poivrons, concombres, olives
　トマト　ピーマン　　キュウリ　　オリーブ

(tomatoes, green and red peppers, cucumber, olives)

Assiette Italienne　　--- 50F
　盛り合わせ　イタリア風

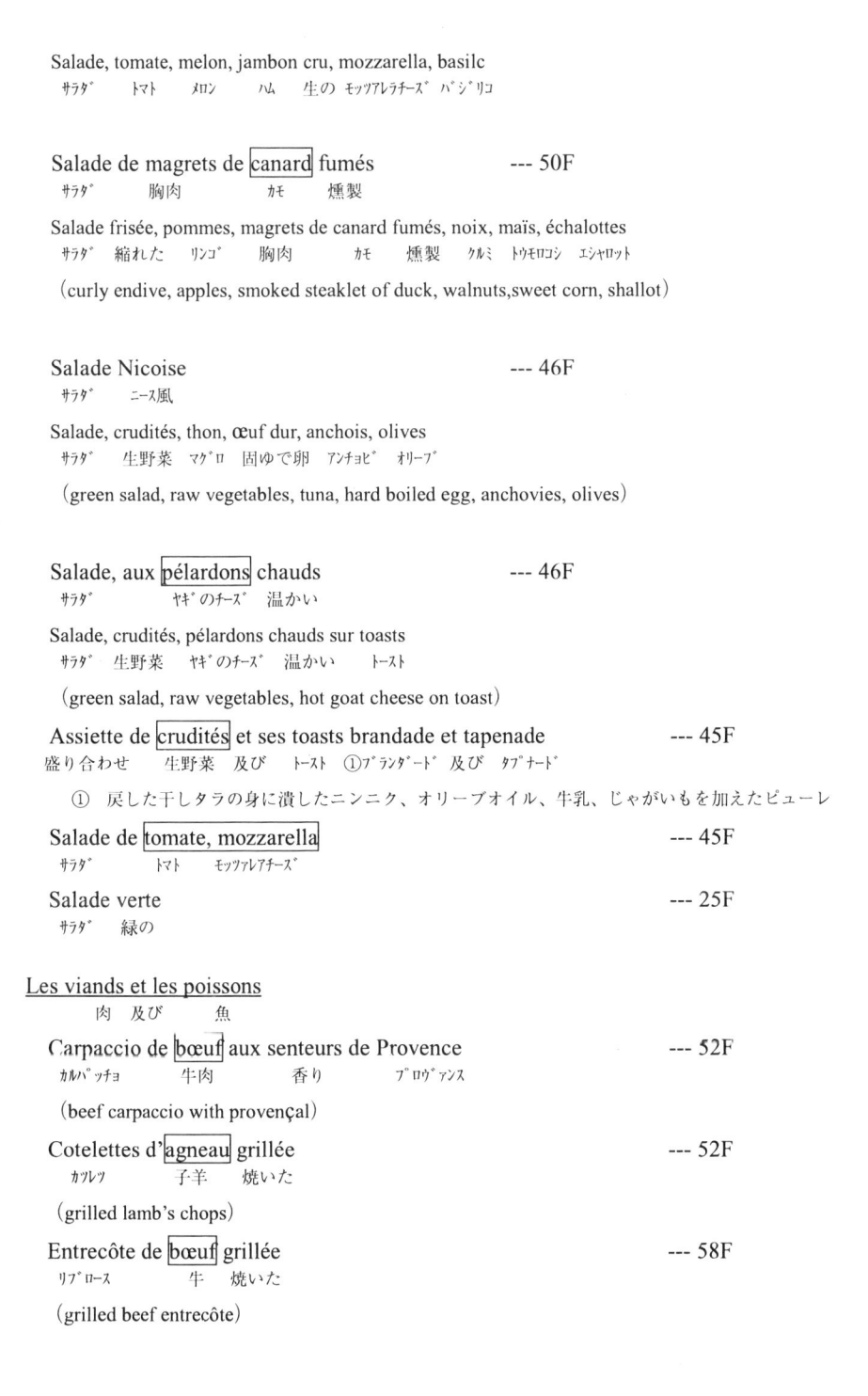

Salade, tomate, melon, jambon cru, mozzarella, basilc
サラダ　トマト　メロン　ハム　生の　モッツアレラチーズ　バジリコ

Salade de magrets de canard fumés　　　--- 50F
　サラダ　　胸肉　　　カモ　燻製

Salade frisée, pommes, magrets de canard fumés, noix, maïs, échalottes
サラダ　縮れた　リンゴ　　胸肉　　カモ　燻製　　クルミ　トウモロコシ　エシャロット

(curly endive, apples, smoked steaklet of duck, walnuts, sweet corn, shallot)

Salade Nicoise　　　　　　　　　　　　--- 46F
サラダ　　ニース風

Salade, crudités, thon, œuf dur, anchois, olives
サラダ　生野菜　マグロ　固ゆで卵　アンチョビ　オリーブ

(green salad, raw vegetables, tuna, hard boiled egg, anchovies, olives)

Salade, aux pélardons chauds　　　　　--- 46F
サラダ　　　　ヤギのチーズ　温かい

Salade, crudités, pélardons chauds sur toasts
サラダ　生野菜　ヤギのチーズ　温かい　　トースト

(green salad, raw vegetables, hot goat cheese on toast)

Assiette de crudités et ses toasts brandade et tapenade　　--- 45F
盛り合わせ　　生野菜　及び　トースト　①ブランダード　及び　タプナード

①　戻した干しタラの身に潰したニンニク、オリーブオイル、牛乳、じゃがいもを加えたピューレ

Salade de tomate, mozzarella　　　　　--- 45F
サラダ　　　トマト　　モッツアレアチーズ

Salade verte　　　　　　　　　　　　　--- 25F
サラダ　　緑の

Les viands et les poissons
　　　肉　及び　　　魚

Carpaccio de bœuf aux senteurs de Provence　　--- 52F
カルパッチョ　　牛肉　　　香り　　　プロヴァンス

(beef carpaccio with provençal)

Cotelettes d'agneau grillée　　　　　　--- 52F
カツレツ　　子羊　焼いた

(grilled lamb's chops)

Entrecôte de bœuf grillée　　　　　　　--- 58F
リブロース　　牛　焼いた

(grilled beef entrecôte)

37

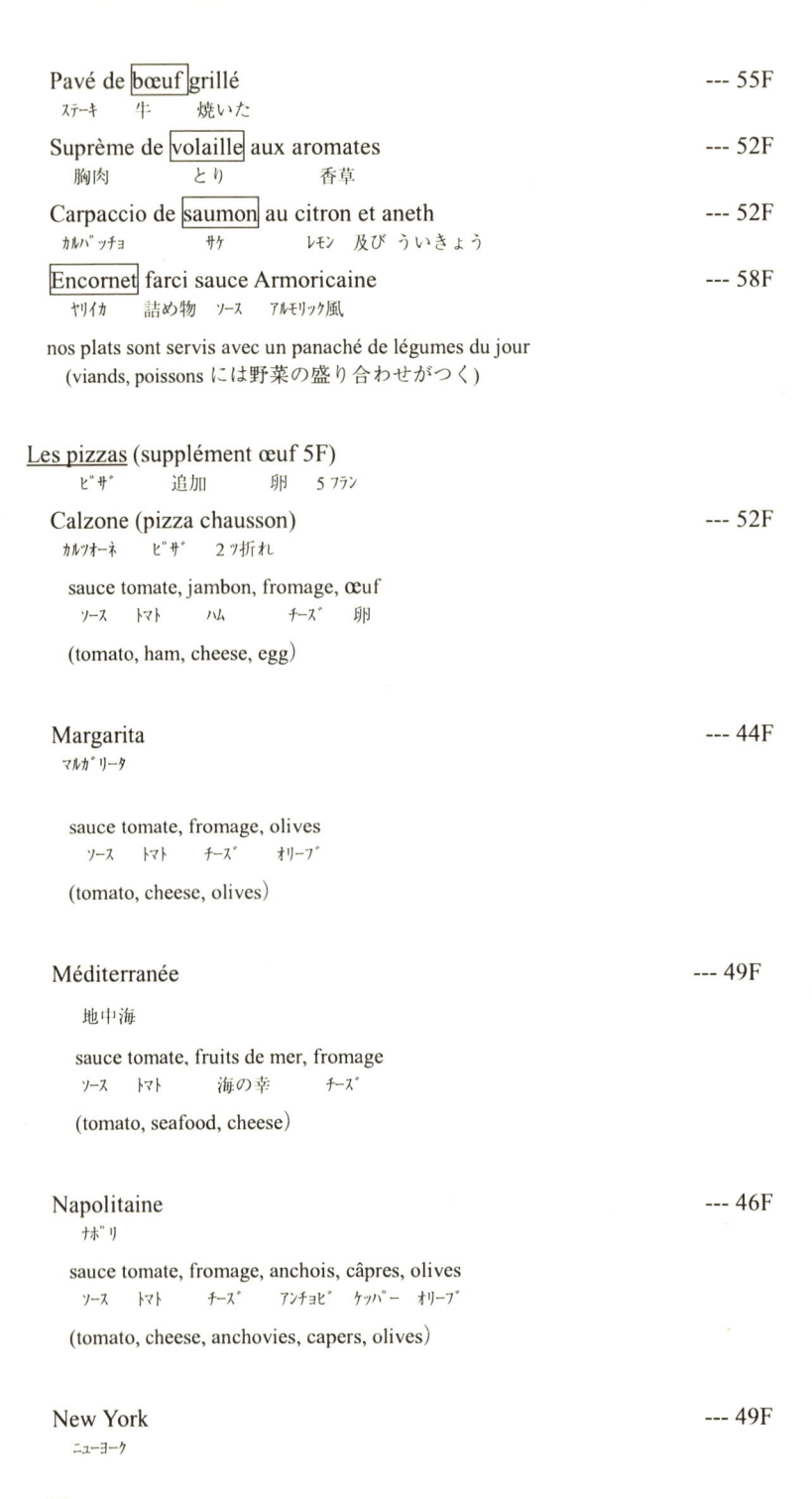

Pavé de boeuf grillé --- 55F
ステーキ　牛　　　焼いた

Suprême de volaille aux aromates --- 52F
　胸肉　　　　とり　　　　香草

Carpaccio de saumon au citron et aneth --- 52F
カルパッチョ　　　サケ　　　レモン 及び ういきょう

Encornet farci sauce Armoricaine --- 58F
ヤリイカ　　詰め物　ソース　アルモリック風

nos plats sont servis avec un panaché de légumes du jour
(viands, poissons には野菜の盛り合わせがつく)

Les pizzas (supplément œuf 5F)
　　　　　　ピザ　　追加　　　卵　5 フラン

Calzone (pizza chausson) --- 52F
カルツオーネ　　ピザ　2ツ折れ

  sauce tomate, jambon, fromage, œuf
　ソース　トマト　ハム　　チーズ　卵

  (tomato, ham, cheese, egg)

Margarita --- 44F
マルガリータ

  sauce tomate, fromage, olives
　ソース　トマト　チーズ　　オリーブ

  (tomato, cheese, olives)

Méditerranée --- 49F
　地中海

  sauce tomate, fruits de mer, fromage
　ソース　トマト　海の幸　　チーズ

  (tomato, seafood, cheese)

Napolitaine --- 46F
ナポリ

  sauce tomate, fromage, anchois, câpres, olives
　ソース　トマト　チーズ　アンチョビ　ケッパー　オリーブ

  (tomato, cheese, anchovies, capers, olives)

New York --- 49F
ニューヨーク

sauce tomate, bœuf épicé, fromage, poivrons, oignons
ソース　トマト　牛肉 香辛料加えた チーズ　ピーマン　タマネギ

(tomato, spiced ground beef, cheese, red peppers, onions)

Nîmoise --- 49F
ニモアーズ

brandade, tomate, fromage
ブランダード　トマト　チーズ

Nordique --- 49F
ノルディック

sauce tomate, saumon, crème fraîche, fromage
ソース　トマト　サケ　クリーム 新鮮な チーズ

(tomato, salmon, fresh cream, cheese)

Piazza --- 49F
ピアッツァ

crème fraîche, lardons, roquefort gruyère, parmesan
クリーム 新鮮な 豚の背肉 チーズ　スイスチーズ　パルメザンチーズ

(fresh cream bacon, roquefort blue cheese, swiss cheese, grated, parmesan)

Pepperoni --- 49F
ペペロニ

sauce tomate, chorizo, poivrons, fromage
ソース　トマト　ドライソーセージ　ピーマン　チーズ

(tomato, pepperoni, cheese)

Quatre saisons --- 49F
四季

sauce tomate, jambon, cœurs d'artichauts, champignons, poivrons, fromage
ソース　トマト　ハム　芯　アーティーチョーク　きのこ　ピーマン　チーズ

(tomato, ham, artichoke, mushrooms, red pepeer, cheese)

Reine --- 49F
女王

sauce tomate, jambon, champignons, fromage
ソース　トマト　ハム　きのこ　チーズ

(tomato, ham, mushrooms, cheese)

Trois fromages --- 49F
3種　チーズ

sauce tomate, fromage de chèvre, mozzarella, gorgonzola
ソース　トマト　チーズ　山羊　モッツァレラチーズ　ゴルゴンゾーラ

(tomato, goat cheese, mozzarella and gorgonzola)

Végétarienne --- 49F
菜食主義者

sauce tomate, champignons, oignons, cœurs d'artichauts, poivrons, fromages, olives
ソース　トマト　きのこ　タマネギ　芯　アーティチョーク　ピーマン　チーズ　オリーブ

(tomato, mushrooms, onions, artichoke, red pepper, cheese, olives)

Suggestions du jour --- 54F
おすすめ　本日

Midi seulement
昼　のみ

Salade du jour ou Salade composée
サラダ　本日 もしくは　コンビネーションサラダ

(いずれか 1 品選択)

Plat du jour et ses légumes ou Pizza au choix ou pavé de bœuf grillé
主菜　本日 及び　野菜 もしくは　ピザ　お好み もしくは　ビフテキ 焼いた

(本日の主菜、ピザ、ビフテキのいずれか 1 品選択)

昼食限定で、計 2 品選択。

Menu du terroir --- 78F
定食　郷土

Salade au pélardon chaud ou Assiette de crudités, ses toasts brandade et tapenade
サラダ　山羊のチーズ　温かい もしくは　盛り合せ　生野菜　トースト　ブランダード 及び　タプナード

(以上が前菜。いずれか 1 品選択)

Gardianne de bœuf ou Suprêmes de volaille aux aromates du Midi ou Encornet farci
ガルディアンヌ　牛肉 もしくは　胸肉　とり　香草　南仏 もしくは　ヤリイカ　詰め物

sauce armoricaine
ソース　アルモリック風

(以上が主菜。牛肉、とり、ヤリイカのいずれか 1 品選択)

Tarte aux pommes chaudes ou salade de fruits frais
タルト　リンゴ　温かい もしくは　サラダ　果物　新鮮

(以上がデザート。リンゴのタルトか果物のいずれか選択)

[前菜 1 品、主菜 1 品、デザート 1 品、計 3 品の選択。]

Menu enfant (〜12 ans)
定食　子供　12才まで

    Mini pizza (jambon, fromage) ou spaghetti au jambon   --- 39F
    ミニ　ピザ　ハム　チーズ　もしくは　スパゲッティ　ハム
    (ピザかスパゲッティのいずれかを選択)

    Salade de fruits frais ou glace junior
    サラダ　果物　新鮮　もしくは　アイスクリーム　小さい
    (果物かアイスクリームのいずれかを選択)

Les Pâtes
パスタ

    Spaghetti ou Tagliatelles
    スパゲッティ　もしくは　タリアテッレ
    (スパゲッティもしくは、タリアテッレのいずれかを選択。以下はその「ソース」
    のメニューであり、好みのものを選ぶ)

        Sauce bolognaise   --- 44F
        ソース　ボローニア風

        sauce tomate, viande hachée
        ソース　トマト　肉　刻んだ
        (tomato sauce, ground beef)

        Sauce carbonara   --- 48F
        ソース　カルボナーラ

        crème, lardons, jaune d'œuf
        クリーム　ベーコン　卵黄
        (cream sauce, bacon, egg)

        Sauce aux fruits de mer   --- 48F
        ソース　海の幸

        sauce tomate, moules et crevettes
        ソース　トマト　ムール貝　及び　エビ
        (tomato sauce, mussels, shrimps)

        Sauce au saumon fumé   --- 48F
        ソース　サケ　燻製

        saumon fumé émincé, crème fraîche
        サケ　燻製　薄切り　クリーム　新鮮な
        (salmon sauce and light cream)

        Sauce au pistou   --- 44F
        ソース　ピストー

        basilic, ail, huile d'olive
        バジリコ　ニンニク　オリーブ油

Sauce napolitaine --- 40F
ソース　　ナポリ

Raviolis au bœuf aux 3 fromages --- 46F
ラビオリ　牛肉　3種のチーズ
（ソースのメニューの最後にラビオリが入っている）

Les desserts et les glaces
デザート　及び　アイスクリーム

Fromage blanc et son coulis de fruits rouges --- 25F
チーズ　フレッシュ 及び　ピューレ　フルーツ　赤い

Profiteroles sauce chocolat --- 29F
②シュー　ソース　チョコレート
② シュー生地で作ったシュー

Tiramis --- 29F
ティラミス

Tarte aux pommes chaudes --- 20F
タルト　　リンゴ　温かい

Nougat glacé et son coulis de fruits rouges --- 29F
③アイスクリーム 及び　ピューレ　フルーツ　赤い
③プラリネとイタリアンメレンゲを加えた軽いアイスクリーム。

Salade de fruits frais --- 20F
サラダ　　フルーツ 新鮮な

Assortiment de fromages --- 25F
盛り合せ　　　チーズ

Glace et sorbet 2 boules --- 15F
アイスクリーム 及び シャーベット　2コ

Café ou chocolat liégeois --- 30F
コーヒー もしくは　チョコレート　パフェ

Dame blanche --- 30F
④ ダム　白い
④バニラアイスクリームなどの白のデザート、リキュール風味のフルーツのコンポート。

Pêche Melba --- 30F
⑤桃　　メルバ
⑤バニラアイスクリームの上に半割りの桃のシロップ漬けをのせ、フランボワーズのピューレまたは、キルシュ酒風味のグロゼイユのジャムをかけたもの。

☆☆☆☆☆ 注文の仕方 ☆☆☆☆☆
[Le Printempsのメニュー構成]

Les hors d'œuvres et Salades	--- A
オードブル 及び サラダ	
Les pizzas	--- B
ピザ	
Les viandes et les poissons	--- C
肉 及び 魚	
Suggestions du jour	--- D
おすすめ 本日	
Menu du terroir	--- E
定食 郷土	
Menu enfant	--- F
定食 子供	
Les Pâtes	--- G
パスタ	
Les desserts et les glaces	--- H
デザート 及び アイスクリーム	

　定食かアラカルトのいずれかを選ぶ。アラカルトはA、B、Gから1品。C、Dから1品。Hから1品。計3品が一般的な注文の仕方。B〜Dから1品のみの注文もOK。
　定食を選んでも、前菜・主菜・デザートとも選択方式になっているので「ou」の前・後いずれかを選ぶ。
　子供用の定食もある。

※ランチは高級レストラン以外ではメインのみ1品目注文でもOK。

10　Nîmes→Pont du Gard→Avignon
　　ドライブとレストランメニュー（6/4）

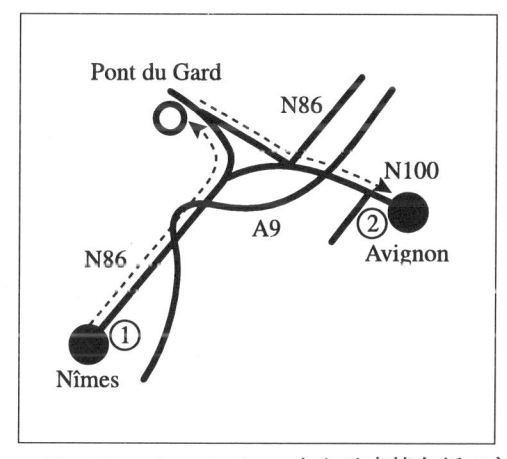

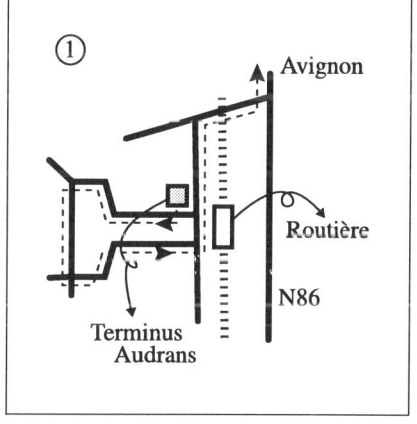

　Hotel Terminus Audransからは直接左折できない。（図①）面倒でも右折してロータリーを1周。再び、駅前にもどり左折、突当りを右折すればN86に合流。Avignonに向う。途中、Orange方向へのA9（高速道）の入口があるもN86を維持。Remoulinsの町に入るとPont du GardとAvignonの標識。N86を離れD19 Pont du Gardへ。

Pont du Gard

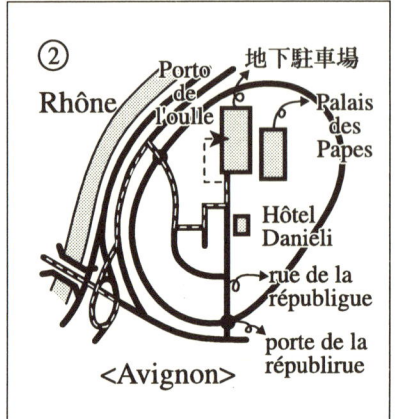

Il s'agit de la partie la plus grandiose d'un aqueduc qui amenait à Nimes. Les trios étages d'arcades sont en retrait l'un sur l'autre. La hauteur totale est de 49 mètres, à l'étage supérieur il fait 275 mètres de longueur.

（ニームに引き入れている水道橋の最大の雄大さを表している場面ともいわれる。アーチを形成する3層はそれぞれに水道を引いている。高さ49m、最上層は275mの長さ。）

　　　　　　　　　　　　Pont du Gard に威圧され、Avignon に向う。D19 を引返し、Remoulins の町に戻る。N100 で Avignon の標識に従い直進。ロータリーは多いが、Avignon の標識を見落とさなければ全く問題なし。

　Rhône 川を越え突当りを道なりに右旋回。(図②) 1周すると、直進、右折に分かれる。そのまま直進。城壁（Avignon は全長約 4km の城壁に囲まれた街）沿いの外周道路に合流。Porte de L'oulle（信号あり）から城内に入る。教えられた通りに点線を進み、中央道（rue de la république）に出る。右折約 20～30m のところに Hôtel Danieli の看板。ところが、この中央道は右から左への一方通行。すんでのところで残念。

　戻ることもできず、ホテルに駐車場がないため最寄りの place du palace の巨大地下駐車場に駐車（料金は 6/4 12.00～6/5 9.00 50FF）、そこからホテルまで荷物をゴロゴロ運ぶ。

　たまには教えてもらった順路にも間違いもある。結果的には途中左折することなく、中央道に突当るまで直進（実線で示す）すれば、ホテルの前に横付けできた

44

のになぁと恨めしく思うものの、そんなにうまくいく筈がない。

　もっとよいのは Gare SNCF の前にある Porte de la république から北上するルート。

Avignon

Le premier pape qui s'installa à Avignon était Clèment V.　C'est la période des splendeurs qui debute... ci-dessus, le pont d'Avignon et en bas, le palais des Papes.

　（アヴィニオンに就任した最初のローマ教皇はクレマン5世。それは壮麗な時代の始まり。アヴィニオン橋は12世紀、王宮は14世紀に建設。）

|ホテル|

☆☆
Hôtel Danieli
17, rue de la république
84000 Avignon
Palais des Papes から3分。
明るい色調、優しい光、遮断された部屋。29室、駐車場無。

|レストラン|

| La Grille
26, place de l'Horloge
84000 Avignon | La Grille は肉料理が主体。定食に特色がある。前菜、主菜とも7～8種類から選ぶことができる。 |

[La Grille のメニューの読み方と日本語訳]

☐は素材

Les aperitifs
食前酒

Le verre de muscat de beaume de venise --- 30F
　ｸﾞﾗｽ　　　　　①AOCﾜｲﾝ

　① 南仏ローヌ川流域、コート・デュ・ローヌ地区南部、ボーム・ドゥ・ヴニーズの甘口、白ワイン。

　　AOC---原産地統制名称（Appellation d'origine contrôle）

Le porto --- 30F
　ﾎﾟﾙﾄ酒

L'américano maison --- 45F
　ｱﾒﾘｶ風

　（martini rouge, martini dry, campari, gin）
　　ﾏﾃｨｰﾆ　赤　　ﾏﾃｨｰﾆ ﾄﾞﾗｲ　ｶﾝﾊﾟﾘ　　ｼﾞﾝ

Les pastis --- 20F
　　②ﾊﾟｽﾃｨｽ

　②アニス風味のリキュール、水で割ると白濁する。

Les kirs --- 20F
　ｷｰﾙ

　（framboise, cassis, mûre, pêche）
　　きいちご　　ｶｼｽ　桑の実　桃

Le cocktail la Grille --- 45F
　ｶｸﾃﾙ　　　ｸﾞﾘｰﾕ

　（campari, vodka, champagne）
　　ｶﾝﾊﾟﾘ　　ｳｫｯｶ　　ｼｬﾝﾊﾟﾝ

Menu à 85 Frs
定食　85ﾌﾗﾝ

La salade de |lentilles| aux filets de haddock
　ｻﾗﾀﾞ　　　ﾚﾝｽﾞ豆　　　　ﾌｨﾚ　　　ﾀﾗ

　　　　　　　ou
　　　　　　もしくは

La terrine aux trios |légumes| et son coulis Roma
　ﾃﾘｰﾇ　　　3種　　野菜　及び　野菜の　ﾋﾟｭｰﾚ

46

ou
もしくは

le melon nature (en saison)
　メロン　　天然　　季節限定

　　　　　　　ou
　　　　　　もしくは

Les crudités à l'anchoïade (sauce anchois, échalotes, tomates)
　生野菜　③アンショイヤード　ソース　アンチョビ　エシャロット　トマト

③生野菜やトーストに塗るアンチョビ、ニンニク、オリーブオイルを混ぜたピューレ

　　　　　　　ou
　　　　　　もしくは

La salade niçoise
　サラダ　④ニース風

④ニンニク、オリーブ、アンチョビ、トマト、さやいんげんなどを使ったサラダ

　　　　　　　ou
　　　　　　もしくは

La soupe au pistou
　スープ　⑤ピストゥ

⑤白いんげん豆、さやいんげん、クルジェット、ニンジンなどを煮て、最後にピストゥ（潰したバジリコとニンニクをオリーブ油とよく混ぜたピューレ）をいれたもの

　　　　　　　ou
　　　　　　もしくは

Les tomates à la mozzarella
　　トマト　　　モッツァレラ

　　　　　　　ou
　　　　　　もしくは

Les salade verte à l'huile d'olive
　サラダ菜　　　　オリーブ油

[以上が前菜。ou（もしくは）が7ヵ所もあり、8種類から1品選べる。]

Le lapin aux pruneaux
　うさぎ　干したプラム

　　　　　　　ou
　　　　　　もしくは

L'escalope de dinde milanaise
　そぎ切り　七面鳥　ミラノ風

　　　　　　　ou
　　　　　　もしくは

La brochette de gigot d'agneau aux herbes
　小串　　股肉　子羊　　香草

                    ou
                    もしくは
La noix d'entrecôte
　　リブロース

                    ou
                    もしくは
Le poulet à la provençale
　トリ　　プロヴァンス風(ｵﾘｰﾌﾞ油、ﾄﾏﾄ、ﾆﾝﾆｸ使用)

                    ou
                    もしくは
Les filets de rouget à la graine d'anis en papillote
　　ﾌｨﾚ　　ﾋﾗﾒ　　　種子　ｱﾆｽ　　ﾊﾟﾋﾟﾖｯﾄ

                    ou
                    もしくは
Les pieds et paquets à la marseillaise
　　⑥足及び袋　　　ﾏﾙｾｲﾕ風
　　⑥羊の胃に子羊の腸間膜、ハム、ニンニク、パセリを包んでしばり、羊の足、ベーコン、
　　玉ねぎなどと白ワイン、ブイヨンで煮込んだ料理。

          toutes nos viandes sont servies au choix avec une sauce béarnaise, poivre, ou
           全て　　肉　　　提供する　お好みで共に　　ソース ﾍﾞｱﾙﾝ風　こしょう もしくは
          trois moutardes
          3種　ﾏｽﾀｰﾄﾞ
             （全ての肉料理はベアルン風ソース、こしょう、マスタードのいずれかを選ぶ。）

[une sauce béarnaise, poivre, ou trois moutardes --- béarnaise と poivre の間に「ou」が
省略されている。以上が主菜。ou（もしくは）が6ヶ所、7種類から1品選ぶ。]

La faisselle de fromage frais (à la crème fraîche ou aux herbes ou à la grenadine
　　水切ｻﾞﾙ　　　ﾁｰｽﾞ　　新鮮　　　　生ｸﾘｰﾑ　もしくは　　香草　もしくは　⑦ｸﾞﾚﾅﾃﾞｨﾝ風
d'orange ou au coulis de fruits rouges)
　ｵﾚﾝｼﾞ もしくは　ﾋﾟｭｰﾚ　　ﾌﾙｰﾂ　赤い
         ⑦ザクロ酒シロップをオレンジで割った清涼飲料
[チーズの水切ザルは「ou」が3ヶ所あるため、crème fraîche, herbes, grenadine, coulis
からいずれかを選ぶ。]

                    ou
                    もしくは
Le chèvre mariné à l'huile d'olive et aux aromates
　　山羊　　ﾏﾘﾈ　　　ｵﾘｰﾌﾞ油　　及び　⑧ｱﾛﾏｰﾄ
         ⑧バジリコ、エストラゴン、アニス、ニンニク、セロリなどの香草類

                    ou
                    もしくは

La salade de fruits frais
　　　サラダ　　　フルーツ　新鮮な
　　　　　　　　　　ou
　　　　　　　　　もしくは

La crème caramel maison
　　　カスタードプリン　　　自家製
　　　　　　　　　　ou
　　　　　　　　　もしくは

Le bavarois aux fruits de saison
　　　ババロア　　　フルーツ　　季節
　　　　　　　　　　ou
　　　　　　　　　もしくは

Les îles flottantes
　　⑨イル　　フロッタント
　　　⑨クレムアングレーズにメレンゲを浮かせたデザート
　　　　　　　　　　ou
　　　　　　　　　もしくは

Le fondant au chocolat
　　　チョコレートを加えたアイシング
　　　　　　　　　　ou
　　　　　　　　　もしくは

Les fraises nature (en saison) [supplément chantilly 5]
　　　イチゴ　　自然　　季節限定　　　追加　　ホイップクリーム　5 フラン

[以上がデザート。8種類の中から1品選択]

Menu à 140Frs
　定食　140 フラン

L'arlequin aux deux saumons et au beurre acidulé
　　テリーヌ　　　　2　　サケ　及び　　バター　ややすっぱい
　　　　　　　　　　ou
　　　　　　　　　もしくは

Le foie gras mi-cuit au naturel
　　フォアグラ　半分　煮た　味をつけていない
　　　　　　　　　　ou
　　　　　　　　　もしくは

Le saumon fumé et ses toasts
　　サケ　　燻製　及び　　トースト
　　　　　　　　　　ou
　　　　　　　　　もしくは

Les asperges mousseline ou vinaigrette
　　アスパラガス　　　ムース　もしくは ヴィネグレットソース

[この中にも「ou」がある。mousseline, vinaigrette いずれかを選ぶ]

ou
もしくは

Le melon au muscat de Beaumes de Venise ou porto (muscat か porto 選択)
　　メロン　　マスカット　　　ボーム　　　　ベニス　もしくは　ポルト酒

ou
もしくは

Le melon a l'italienne ou La salade du pêcheur ou La soupe de poissons et sa rouille
　　メロン　　イタリア風　もしくは　サラダ　　　　魚介類　もしくは　スープ　　　　魚　及び　ルイユ

[以上が前菜。8種類から1品選ぶ]

Le tartare de bœuf ou La brochette de bœuf ou Le magret de canard ou La côte de
　　タルタル　　　牛　もしくは　串焼き　　　牛　もしくは　胸肉　　　カモ　もしくは　背肉

bœuf ou Le carré d'ageau à l'ail ou Le pavé de saumon à l'aneth ou La côte de veau à
 牛　もしくは　背肉　　子羊　　ニンニク もしくは ぶつ切り　サケ　アネット(香草)もしくは　背肉　　子牛

l'estragon
エストラゴン

[bœuf も tartare, brochette, côte の種類がある]

toutes nos viandes sont servies au choix avec une sauce béarnaise, poivre, ou trois moutardes
　全ての　　　肉料理　　　　使う　　　　お好みで　共に　　　ソース　ベアルン風　コショウ　もしくは　3種　　　マスタード

(全ての肉料理はベアルン風ソース、コショウ、3種類のマスタードのいずれか選択する)

[以上が主菜。7種類から1品選択する]

Le fromage
　チーズ

　　voir nos fromages qui vous sont proposés à la carte
　　見る　　　　チーズ　　　　　　　　　　表示している　　　メニュー

　　(アラカルトに表示しているチーズから選ぶ)

Le dessert au choix
　デザート　　　お好み

　　voir nos desserts qui vous sont proposés à la carte
　　見る　　　デザート　　　　　　　　　　表示している　　　メニュー

　　(アラカルトに表示しているデザートから選ぶ)

[fromage は5種類、desserts は14種類の中から各1品選択]

La Carte
メニュー

Les entrées
前菜

La salade de lentilles aux filets de haddock サラダ　　レンズ豆　　フィレ　　タラ	--- 50F
La terrine aux trois légumes et son coulis Roma テリーヌ　　3種　野菜　及び　　野菜のピューレ	--- 35F
Le melon nature メロン　天然の	--- 50F
Les crudités à l'anchoïade 生野菜　　　アンショイヤート	--- 45F
Les tomates à la mozzarella トマト　　　　モッツァレラ	--- 45F
Les asperges mousseline ou vinaigrette アスパラ　　ムース　もしくは　ヴィネグレット	--- 70F
L'arlequin aux deux saumons et son beurre acidulé テリーヌ　　2　　サケ　及び　バター　ややすっぱい	--- 60F
Le foie gras mi-cuit au naturel フォアグラ　半分　煮た　味をつけていない	--- 120F

Les suites
主菜

Les filets de rouget à la graine d'anis en papillote フィレ　ヒメジ　種子　アニス　　パピヨット	--- 65F
Le pavé de saumon à l'aneth ぶつ切り　サケ　アネット（香草）	--- 90F
Le steak haché frites ステーキ　挽肉　揚げる	--- 40F
La brochette de gigot d'agneau aux herbes 串焼き　　股肉　子羊　　香草	--- 70F
La noix d'entrecôte リブロース	--- 70F
Les pieds et paquets à la Marseillaise 羊の胃に羊の足ベーコンなどをつめ煮込んだ料理　マルセイユ風	--- 75F
Le lapin aux pruneaux ウサギ　　干したプラム	--- 70F
L'escalope de dinde Milanaise そぎ切り　　七面鳥　ミラノ風	--- 65F
La côte de veau à l'estragon 背肉　　牛　　エストラゴン	--- 100F

Les fromages
チーズ

Les faisselles --- 35F
チーズの水切りザル

crème fraîche ou ail et fines herbes ou grenadine d'orange ou coulis de fruits rouges
生クリーム　もしくは　ニンニク及び　フィーヌゼルブ　もしくは　グレナデイン　オレンジ　もしくは　クーリ　果物　赤い

（「ou」が3ヵ所、4種類から1品選ぶ）

Le chèvre mariné à l'huile d'olive --- 35F
山羊のチーズ　マリネ　　オリーブ油

Le Saint Marcellin --- 35F
サン　マルスラン

La portion du fromager （「ou」が4ヵ所、5種類から選択） --- 20F
一人前　　　　チーズ

camembert ou brie ou munster ou roquefort ou saint marcellin
カマンベール　ブリーチーズ　ムンステール　ロックフォール　サン　マルスラン

L'assiette du fromager (4 fromages au choix) --- 45F
盛り合せ　　チーズ　　4種類　　選択

Les desserts
デザート

La crème brûlée --- 45F
⑩クレーム　ブリューレ

⑩卵黄、クリーム、砂糖、バニラを混ぜオーブンで湯せんにかける。冷ましてから砂糖をふって焼き色をつけたデザート

La salade de fruits frais --- 45F
サラダ　　果物　新鮮

La crème caramel maison --- 35F
カスタードプリン　　自家製

Le bavarois aux fruits de saison --- 35F
ババロア　　　フルーツ　　季節

Les îles flottantes --- 35F
イル　フロッタント

Les pruneaux au vin de cannelle --- 45F
干したプラム　アルコール　シナモン

Le fondant au chocolat --- 45F
チョコレートを加えたアイシング

La mousse lavande crème au miel --- 50F
ムース　ラベンダー　クリーム　　蜂蜜

Les fraises nature --- 40F
イチゴ　　生の

Les fraises chantilly --- 45F
　　イチゴ　　ホイップクリーム

La tarte tatin --- 45F
　　タルト　⑪タタン

⑪2コまたは、4ッ割にしたリンゴにバターを塗り、砂糖をしいたトゥルト型に立てて詰め、砂糖とバターの小片を散らし、フォンセ生地をかぶせ、オーブンで焼いたもの

Le melon aux fruits rouges --- 65F
　　メロン　　　果物　　赤い

Le nougat glacé --- 45F
　　⑫ヌガー　　グラッセ

⑫プラリネとイタリアンメレンゲを加えた軽いアイスクリーム

Le gâteau aux trois chocolats --- 45F
　　ケーキ　　　3コ　　チョコレート

Les glaces et sorbets
　アイスクリーム　及び　シャーベット

　　Les trois boules (supplément chantilly--- 5F) --- 30F
　　　　3コ　　　　追加　　　ホイップクリーム

☆☆☆☆☆　注文の仕方　☆☆☆☆☆
[La Grille のメニュー構成]

Menu à 85 Frs　定食　85フラン	--- A
Menu à 140 Frs　定食　140フラン	--- B
La Carte　メニュー	
Les entrées　前菜	--- C
Les suites　主菜	--- D
Les fromages　チーズ	--- E
Les desserts　デザート	--- F
Les glaces et sorbets　アイスクリーム 及び シャーベット	--- G

定食（A、B）とアラカルト（C〜G）とに明確に区分されている。定食かアラカルトのいずれかを決める。定食は選択範囲が広いので、アラカルトとあまり変わらない。85Frsの定食は前菜、主菜、デザートから各1品の計3品選択するのに対して140Frsの定食はチーズが増えて4品選択。

アラカルトはC、Dから各1品、E〜Gから1品、計3品が一般的コースであるが、Dから1品のみの注文でもOK。

53

11 Avignon→Aix-en-Provence
ドライブとレストランメニュー (6/5)

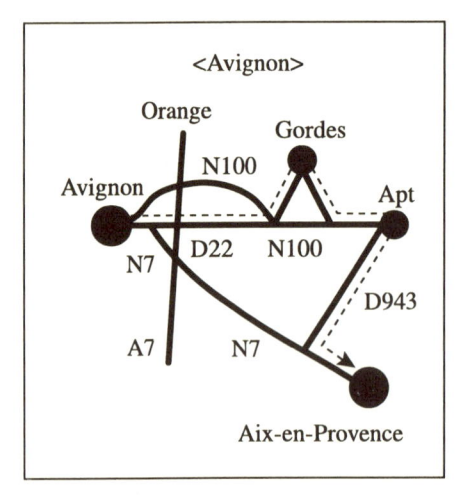

ホテルから2案提示。N100とN7・N100のルート。よりシンプルなN7を選ぶ。地下駐車場を出て右折。城壁から離れず、「Marseille」の標識を左折。「Apt」向け直進。

　Gordesの手前、D22 Trente-mouttesあたりで、突然今までの快調な流れが止まる。先方に車の列。不思議なことに引返してくる車がある。つられたかのように次々と続く。交通事故による道路閉鎖になったのか？　野次馬根性と原因が何であるのかを知りたくてかまわず前進。踏み切りがある。よく見ると遮断機が下りたまま。踏み切り事故だ。線路の向う側も車の数珠繋ぎ。さぁ困った。迂回路を探さざるを得ない。

　地図を見るとN100を少し引き返しD938をCavaillonに向かい、そこからD2でGordesに行けそう。ただし、Cavaillon市内を抜けるのはややこしい？　丁度その時、前田氏が踏み切り近くで農作業している老人を見つけ何やら手真似、相手も線路に向って手真似。線路沿いに農道がある。どうやらその道をしばらく走ると踏み切りがあり、そこでUターンすればN100に戻れるらしい。貴重な情報。

　さっそく、先頭を切って走る。本当に踏み切りがあるのか半信半疑。極めて細い道。反対側から大型トラックが向って来る！　困ったと思った瞬間、先方に運良くすれ違い出来る場所が見えてきた。何とかすり抜け約2kmのところに待望の踏み切り。ホッとする。この難所を無事に突破。それ以降はフランスの田舎道をのんびりと満喫しながらGordesに向う。

Village fier de sa beauté, classé parmi les "plus beaux villages de France", dressé au bord au plateau du Vaucluse, face au Luberon, Gordes a ètè contruit avec la pierre du rocher qui lui sert de socle

（村はその美しさを誇っている。"フランスで一番美しい村"をほしいままにしている。リューベロン地方、ヴォクリューズ県の丘陵地、Gordes は石の村）

　Gordes の"フランスで一番美しい村"を堪能。Apt に立ち寄った後、南下。Bonnieux の標識に向け D943 を疾走。Cadenet の町に入る。Pertuis 方向でも Aix-en に行けるが、Avignon へ。その先で Avignon と Rognes に分岐。Rognes に進路。後は Aix-en の標識に従う。

　A7 に合流、Aix-en へ一直線。ところが、downtown の入口からホテルに至るまで少してこずる。まず、どこから downtown に入るかが課題。Avignon 方向からの進入口はⒶ, Ⓑ, Ⓒ, Ⓔ の4ヵ所。（下左図）

　N7 と A51 とが合流するⒶ地点の交差構造を説明すると、「N7 は A51 への合流と A51 をまたいで downtown に入る本来の N7 とに分かれる。A51 は N7 からの合流を

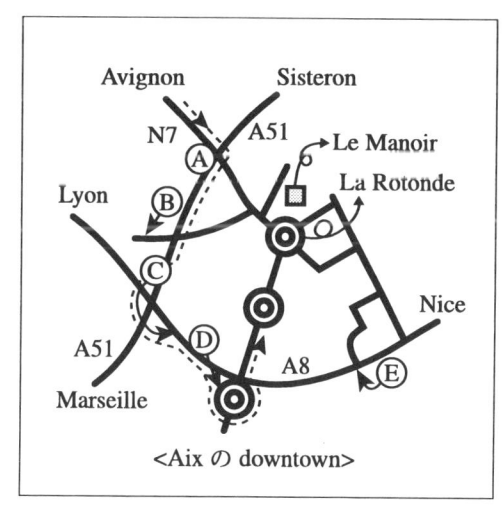

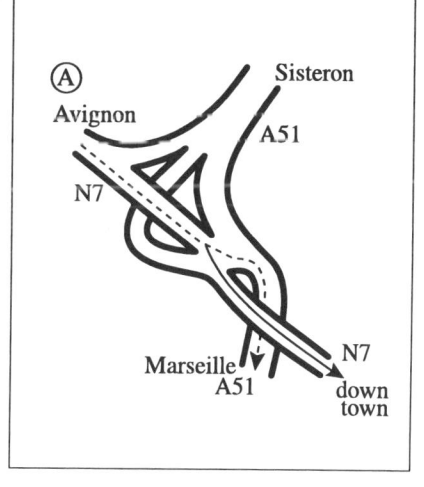

<Aix の downtown>

55

吸収、A51 を保ったまま Marseille に伸びている。」（前頁右図）従って、Ⓐ地点から入るためには、A51 に合流する手前で右側に寄り A51 をまたいでいく（→）必要がある。

　現実問題として、このような構造をあらかじめ知っていないと A51 に吸収されてしまうのが自然の流れ。合流する手前で、Nice、Marseille、Aix-en などの標識が同時に目の前に出てきても、咄嗟には反応できず思考停止を来す。こういう場合は決して慌てない。流れに任せ、次の手を考える。案の定、流れに乗ってしまい A51 に入る。A51 に入ると次のことに注意しないといけない。
　・地点Ⓑ（Aix-ouest）で下りる
　・Ⓑ地点をパスしたときはⒸ地点で A51 から離れ、A8 に乗り換えることが絶対条件。

Ⓒ地点で A8 に路線変更しないと A51 は downtown を離れ Marseille 方面に行ってしまうからである。A8 に乗り移ってしまえば、Ⓓもしくは、Ⓔから入っていくことができる。実際に辿ったコースはⒸ地点で A8 に合流、Ⓓ（Aix-pont de l'Arc）から入っていった。

　次に downtown に入ってから。多少の寄り道をしながら噴水のあるロータリー（La Rotonde）に到着。La Rotonde がこの街の中心。進入方向からみて 3 本目（細い上に斜めに道が入り込んでいるためわかりにくい）に入る。約 50m 先を左折すればすんなりと Hotel Le Manoir。

　ところが、左折際のところ（×）で道を掘り起こしている。配管工事だ。通行できない。それなら反対側に回ればよいと高を括る。そのまま直進。いざ左折しようとする。一瞬、青ざめる。左から右への矢印が目に飛び込む。直進もできない。右折しか方法はない。ホテルから離れてしまう。狭い道。いやな予感。この先、どこに入ってくのだろうか。どうやら迷路の気配。車 1 台がやっとしか通れないような道。道路とは思えないレストランの裏庭のようなところも通る。厄介なのは曲がりがきつく、その上、上りときている。Premium ではギリギリ。慎重の上にも慎重な運転が要求される。ハラハラ。やっとの思いで 1

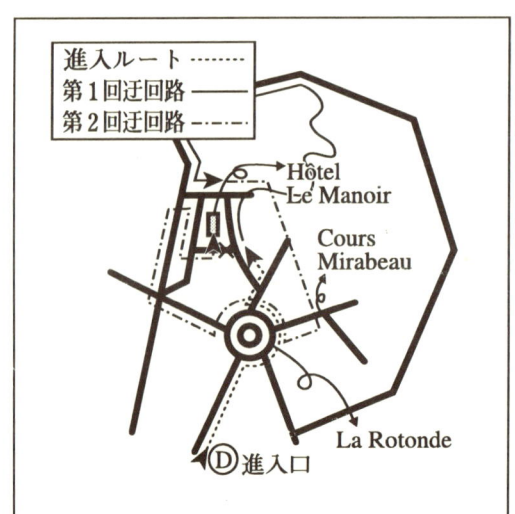

周。

　さぁ、裏側から入るぞと気迫い込み１本目を右折しようとするも、その１本目の道が狭くて意外にも手前にあり過ぎたため気づかず通り越してしまう。後続車が２～３台続いている。直進するしかない。もう１周？　同じところを通るのは御免蒙りたい。先ほどは左折を繰り返したが、右折したらどんな道になっているのか。同様な迷路　様子が違う。若干道幅も広く、人通りは多いものの圧迫感が少ない。こちらの方が楽。Mirabeau 通りに出て、La Rotonde。以降は、学習効果を活かしホテルに到着。お陰様で、この downtown の情景は今でも鮮明に憶えている。

Aix-en-Provense の downtown　　　　　　×印 Hotel Le Manoir

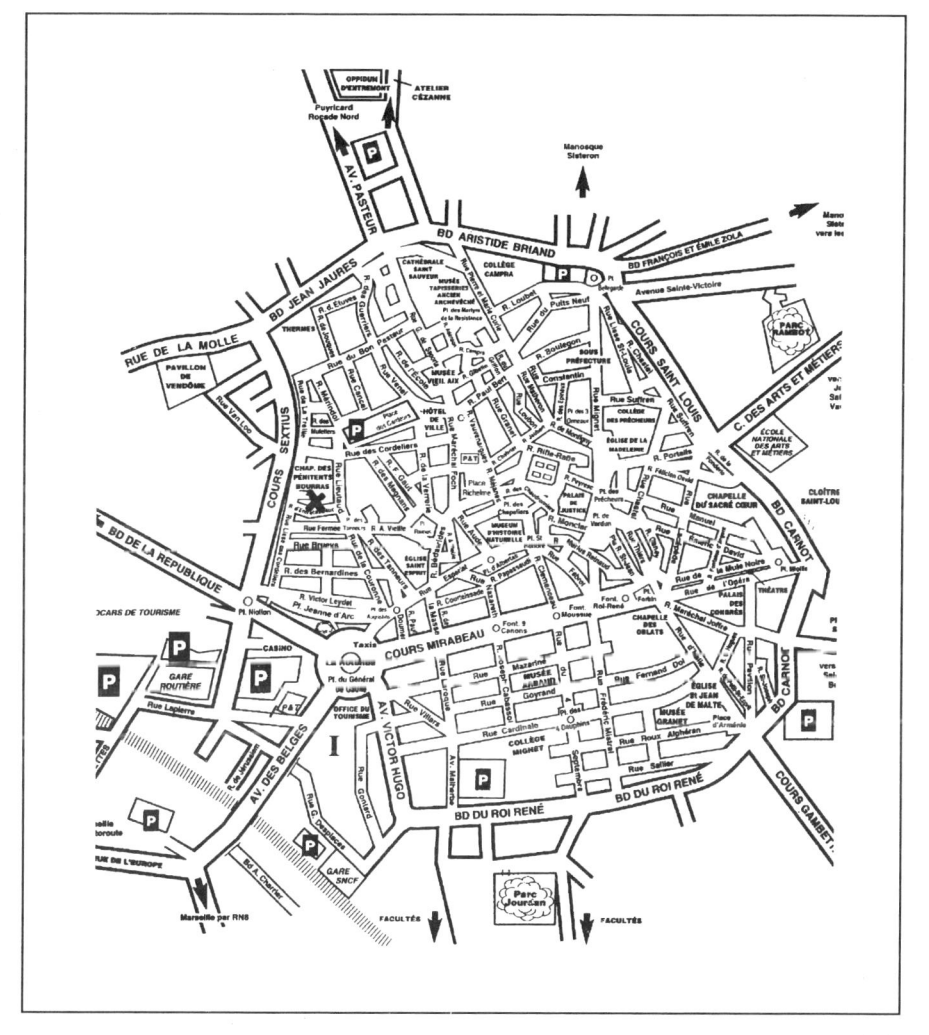

Aix-en-Provence Downtown

Aix a longtemps été la capitale de la Provence. Cela se voit à son architecture, à la richesse de ses hôtels particuliers, aux traces toujours presentes de son flamboyant passé.

[エクサンは長い間プロヴァンスの首都であった。建築物に、ホテルの華麗な造作にその名残りがあり、今でも遺跡の数々が過ぎし日の華やかさを誇っている]

ホテル
☆☆☆
Hôtel Le Manoir
8, rue d'Entrecasteaux 13100
Aix-en-Provence
歴史のある住居、16世紀の回廊、中庭の駐車場、40室。朝食はフロントで注文するシステム。

レストラン

Chez Maxime
12, place Ramus 13100
Aix-en-Provence

　肉の専門店。目の前で肉を捌いている。肉のうまさはもちろんであるが、注目は Le Coin des Gourmandises 手の込んだデザートが用意されている。

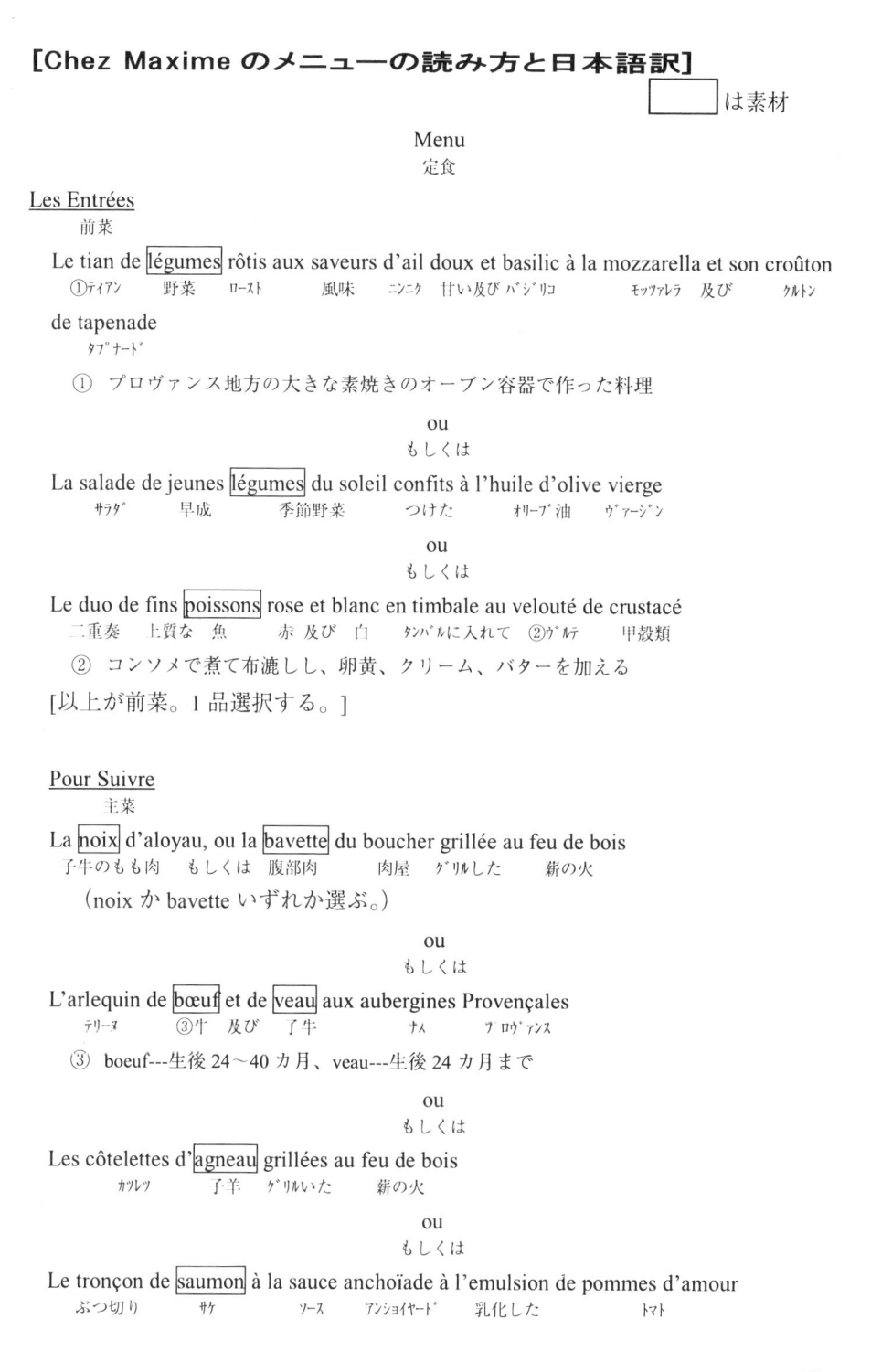

[Chez Maxime のメニューの読み方と日本語訳]

　　　　　　　　　　　　　　　　　　　　　　　□は素材

Menu
定食

Les Entrées
　前菜

Le tian de légumes rôtis aux saveurs d'ail doux et basilic à la mozzarella et son croûton
　①ティアン　野菜　ロースト　風味　ニンニク　甘い及び バジリコ　モッツァレラ 及び　クルトン
de tapenade
　タプナード

　①　プロヴァンス地方の大きな素焼きのオーブン容器で作った料理

ou
もしくは

La salade de jeunes légumes du soleil confits à l'huile d'olive vierge
　サラダ　　早成　　季節野菜　　　つけた　　　オリーブ油　　ヴァージン

ou
もしくは

Le duo de fins poissons rose et blanc en timbale au velouté de crustacé
　二重奏　上質な 魚　赤 及び 白　タンバルに入れて ②ヴルテ　甲殻類
　②　コンソメで煮て布漉しし、卵黄、クリーム、バターを加える

[以上が前菜。1品選択する。]

Pour Suivre
　　主菜

La noix d'aloyau, ou la bavette du boucher grillée au feu de bois
　子牛のもも肉　もしくは 腹部肉　　肉屋　グリルした　薪の火
　（noix か bavette いずれか選ぶ。）

ou
もしくは

L'arlequin de bœuf et de veau aux aubergines Provençales
　テリーヌ　③牛 及び　子牛　　　ナス　　プロヴァンス
　③　boeuf---生後24～40カ月、veau---生後24カ月まで

ou
もしくは

Les côtelettes d'agneau grillées au feu de bois
　カツレツ　　子羊　グリルいた　薪の火

ou
もしくは

Le tronçon de saumon à la sauce anchoïade à l'emulsion de pommes d'amour
　ぶつ切り　　サケ　　　ソース　アンショイヤード　乳化した　　　トマト

59

[以上が主菜で、1品選択する]

Enfin
最後に

L'assiette aux quatre fromages au choix
皿　　　4種類　　チーズ　　　お好み

ou
もしくは

Dessert
デザート

（fromages か dessert のいずれかを選ぶ）

[entrées, suivre, enfin から各1品、計3品注文する。]

Le Coin des Gourmandises
　　コーナー　　　美食

La pomme tiède rôtie au romarin, glace à la vanille
　　リンゴ　温かい　ロースト　ローズマリー　アイスクリーム　バニラ

La crème caramel à l'ancienne, aux raisins et noisettes grillées
　　カスタードプリン　　　　フリカッセ　　レーズン　及び ヘーゼルナッツ　グリルした

La marquise au chocolat blanc et aux zestes d'oranges confites
　　洋梨　　　チョコレート　白　及び　　外皮　　オレンジ　シロップにつけた

La poire pochée au fouetté de caramel, son sablé et ses amandes grillées
　　洋梨　ゆでた　　ホイップした　カラメル　　サブレ　及び　　アーモンド　グリルした

Le truffé du chocolatier et son velouté au moka
　　トリュフ　　　チョコレート　及び　濃厚なソース　モカ

La feuillantine à l'ananas caramélisée et sa crème légère aux deux coulis
　　折りパイ　　　パイナップル　カラメル　及び　クリーム　軽い　　2種　ソース

Le soufflé glacé au grand marnier
　スフレ　　グラセ　　グラン　マルニエ

Chez Maxime

60

12 Aix-en-Provence→Nice
ドライブとレストランメニュー (6/7)

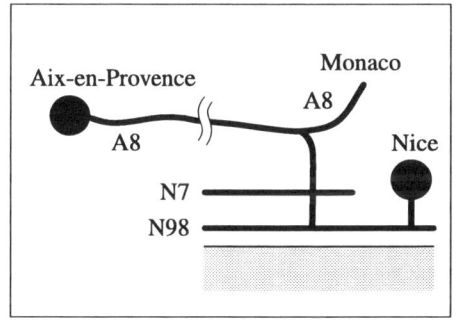

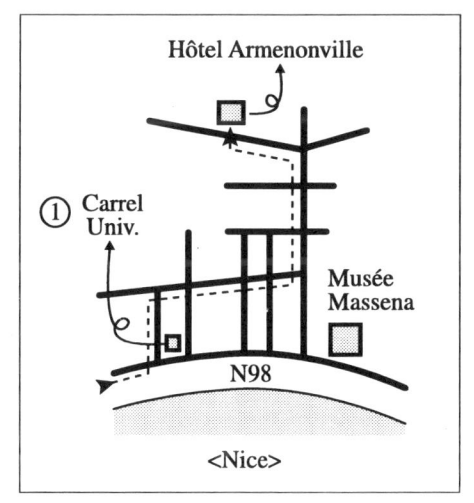

Le Manoir から A8 に入るためには La Rotonde に出て、2本目の筋を進むと A8 の入口。「Marseille, toulon」、「Avignon, Lyon」の標識があり、「Marseille, Toulon」に入る。

A8 は快適そのもの。途中、2ヵ所に料金所。最初は有人（料金はデジタル表示、68FF）。次は無人。コイン投入と紙幣差し入れの両方が並んでいる（両方とも釣銭が出る。料金は 15FF）。A8 のガソリンスタンドで給油（セルフサービス）。Sans plomb（無鉛）、super（有鉛）とディーゼル（diesel もしくは gazole）とがある。

Var 川を越えたところで A8 とは別れを告げ Nice に入る（右折）。N7 をくぐり抜け左折しながら N98 に合流。N98 は海岸線を走る promenade、眩いばかりの美しい海岸。一方、道路端は左右とも駐車の列、列。

Hôtel Armenonville は海岸より少し山側に入ったところにあることはわかっているが、目標の建築物（Musée Massena, Carrel univ.）を車から確認するのは至難の業。ここは聞くのが一番。聞く相手を誰にするか、海岸通りを歩いている人は敬遠。面倒でも山側に渡り、レストランで聞く。車を駐車したところは Nice に入って約 5km、ほぼ Armenonville の位置に近く、①Carrel univ. のところから左折していけばよいことがわかり難なく到着。

Nice

ホテル

☆☆

Hôtel Armenonville

20, avenue des Fleurs-06000

Nice

レモン、ビワがたわわに実をつけている広い庭。
清々しい朝日を浴びながらの朝食。
さながら別荘気分。僅かに13室のプチホテル。駐車場有。

レストラン

La Baie d'Azur
15, rue bottéro
06000 Nice

観光客にはあまり知られていない地元の人達が通う庶民的な店。『本日の料理』がおすすめ。

[LA BAIE D'AZUR のメニューの読み方と日本語訳]

　は素材

<u>Plats du jour</u>
　本日の料理

　　Couscous royal aux 4 viandes　　　　　　　　　　　--- 65F
　　①クスクス　　ロイヤル　　4種の肉

　　① 羊、とり、牛などをクルジェット、ニンジン、玉ねぎ、ピーマンなどの野菜、エジプ
　　　ト豆、白いんげん豆と共に煮込みスムール（ひき割りした穀物）と一緒に食する

　　Andouillette grillee　　　　　　　　　　　　　　--- 45F
　　　腸詰め　　　グリルした

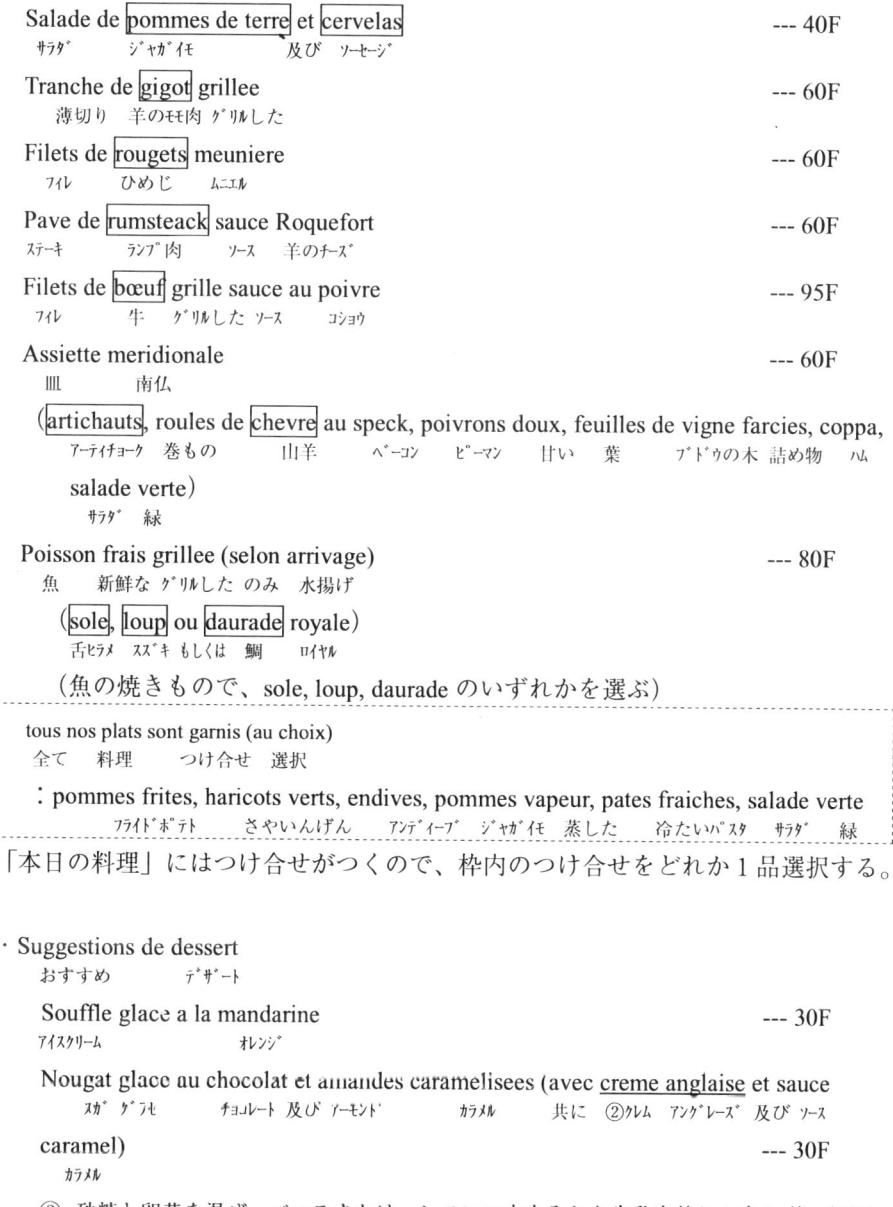

Salade de pommes de terre et cervelas --- 40F
サラダ　ジャガイモ　　　及び ソーセージ

Tranche de gigot grillee --- 60F
薄切り　羊のモモ肉 グリルした

Filets de rougets meuniere --- 60F
フィレ　ひめじ　ムニエル

Pave de rumsteack sauce Roquefort --- 60F
ステーキ　ランプ肉　ソース 羊のチーズ

Filets de bœuf grille sauce au poivre --- 95F
フィレ　牛 グリルした ソース　コショウ

Assiette meridionale --- 60F
皿　南仏

(artichauts, roules de chevre au speck, poivrons doux, feuilles de vigne farcies, coppa,
アーティチョーク 巻もの　山羊　ベーコン　ピーマン　甘い 葉　ブドウの木 詰め物　ハム

salade verte)
サラダ 緑

Poisson frais grillee (selon arrivage) --- 80F
魚　新鮮な グリルした のみ　水揚げ

(sole, loup ou daurade royale)
舌ヒラメ スズキ もしくは 鯛 ロイヤル

(魚の焼きもので、sole, loup, daurade のいずれかを選ぶ)

> tous nos plats sont garnis (au choix)
> 全て　料理　つけ合せ 選択
> : pommes frites, haricots verts, endives, pommes vapeur, pates fraiches, salade verte
> 　フライドポテト　さやいんげん　アンディーブ　ジャガイモ 蒸した　冷たいパスタ　サラダ　緑

「本日の料理」にはつけ合せがつくので、枠内のつけ合せをどれか1品選択する。

・Suggestions de dessert
　おすすめ　　　　デザート

　Souffle glace a la mandarine --- 30F
　アイスクリーム　　　　オレンジ

　Nougat glace au chocolat et amandes caramelisees (avec creme anglaise et sauce
　スガ グラセ　　　チョコレート 及び アーモンド　　カラメル　　共に ②クレム アングレーズ 及び ソース

　caramel) --- 30F
　カラメル

② 砂糖と卵黄を混ぜ、バニラまたは、レモンの皮を入れた牛乳を熱し、少しずつ卵黄に
　加えて裏漉ししたデザート用ソース

・La Baie D'azur se repose le Dimanche soir et le Lundi toute la journee
　(日曜日の夜と月曜日が休日)

Nos salades
サラダ

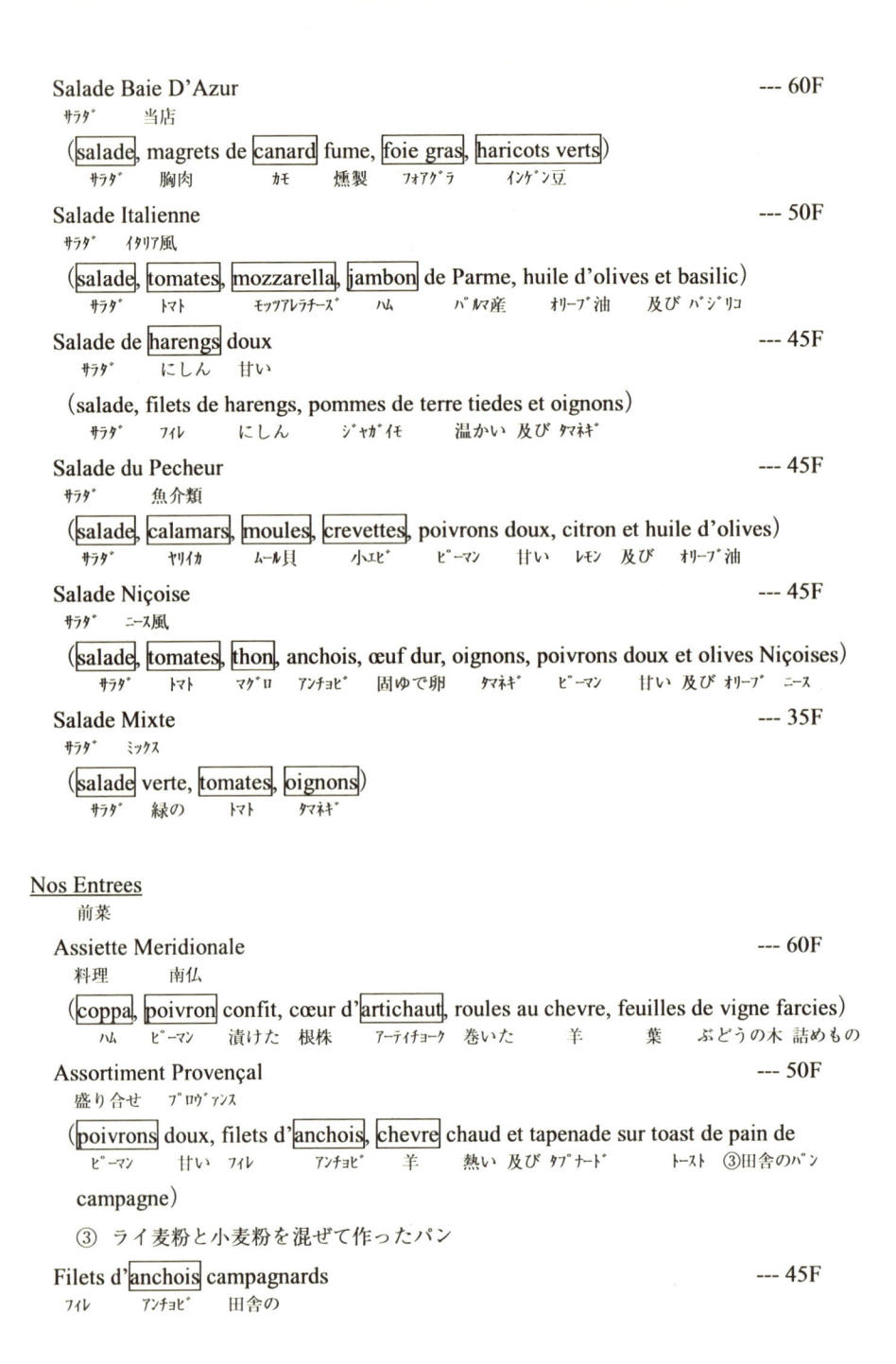

Salade Baie D'Azur --- 60F
サラダ　　当店

(salade, magrets de canard fume, foie gras, haricots verts)
サラダ　胸肉　　　カモ　燻製　フォアグラ　インゲン豆

Salade Italienne --- 50F
サラダ　イタリア風

(salade, tomates, mozzarella, jambon de Parme, huile d'olives et basilic)
サラダ　トマト　モッツアレラチーズ　ハム　パルマ産　オリーブ油　及び バジリコ

Salade de harengs doux --- 45F
サラダ　にしん　甘い

(salade, filets de harengs, pommes de terre tiedes et oignons)
サラダ　フィレ　にしん　ジャガイモ　温かい 及び タマネギ

Salade du Pecheur --- 45F
サラダ　魚介類

(salade, calamars, moules, crevettes, poivrons doux, citron et huile d'olives)
サラダ　ヤリイカ　ムール貝　小エビ　ピーマン　甘い　レモン　及び オリーブ油

Salade Niçoise --- 45F
サラダ　ニース風

(salade, tomates, thon, anchois, œuf dur, oignons, poivrons doux et olives Niçoises)
サラダ　トマト　マグロ　アンチョビ　固ゆで卵　タマネギ　ピーマン　甘い 及び オリーブ　ニース

Salade Mixte --- 35F
サラダ　ミックス

(salade verte, tomates, oignons)
サラダ　緑の　トマト　タマネギ

Nos Entrees
前菜

Assiette Meridionale --- 60F
料理　　南仏

(coppa, poivron confit, cœur d'artichaut, roules au chevre, feuilles de vigne farcies)
ハム　ピーマン　漬けた　根株　アーティチョーク　巻いた　羊　葉　ぶどうの木 詰めもの

Assortiment Provençal --- 50F
盛り合せ　ブロヴァンス

(poivrons doux, filets d'anchois, chevre chaud et tapenade sur toast de pain de
ピーマン　甘い　フィレ　アンチョビ　羊　熱い 及び タプナード　トースト ③田舎のパン

campagne)

③ ライ麦粉と小麦粉を混ぜて作ったパン

Filets d'anchois campagnards --- 45F
フィレ　アンチョビ　田舎の

64

(filets d'anchois sur toast de pain de campagne ail et huile d'olive)
フィレ　アンチョビ　トースト　パン　田舎の　ニンニク 及び オリーブ油

Jambon de Parme et melon (en saison) --- 55F
ハム　パルマ産 及び メロン　季節限定

Saumon fume de Norvege et ses toasts --- 55F
サケ　燻製　ノルウェー 及び　トースト

Foie gras de canard et ses toasts --- 70F
フォアグラ　カモ 及び トースト

Escargots de Bourgogne (les 6 pieces) --- 35F
エスカルゴ　ブルゴーニュ　6個

Soupe de poissons (avec croutons, rouille et gruyere) --- 55F
スープ　魚　共に　クルトン　ルイユ 及び チーズ

Potage de legumes --- 40F
ポタージュ　野菜

Nos Pates Fraiches
パスタ　冷たい

Tagliatelles fraiches
タリアテッレ　冷たい

  a la bolognaise --- 45F
  野菜と牛肉

  a la carbonara --- 50F
  牛の赤ワイン煮

  au pistou --- 45F
  ④ピストウ

④潰したバジリコとニンニクをオリーブ油とよく混ぜたピューレ

  au saumon --- 50F
  サケ

Gnocchi frais
ニョッキ　冷たい

  a la bolognaise --- 45F
  野菜と牛肉

  au roquefort   45F
  羊のチーズ

  au pistou (huile d'olive, ail et basilic) --- 45F
  ピストウ　オリーブ油　ニンニク 及び バジリコ

Ravioli Niçois frais
ラビオリ　ニース　冷たい

  a la bolognaise --- 50F
  野菜と牛肉

  au pistou (huile d'olive, ail et basilic) --- 50F
  ピストウ　オリーブ油　ニンニク 及び バジリコ

au roquefort --- 50F
羊のチーズ

Nos Poissons
魚

Filets de daurade au basilic --- 55F
フィレ　鯛　バジリコ

Filets de daurade a la tapenade --- 55F
フィレ　鯛　⑤タプナード

⑤オリーブ、ケッパー、アンチョビ、オリーブ油、香草で作ったペースト
daurade（鯛）でもバジリコとタプナードの料理法がある。

Pave de saumon frais et ravioli sauce pistou --- 65F
切身　サケ　フレッシュ　及び　ラビオリ　ソース　ピストゥ

Escalope de saumon frais a la tapenade --- 60F
そぎ切り　サケ　フレッシュ　タプナード

Petits rougets en filets, meuniere --- 60F
小さい　ひめじ　フィレ　ムニエル

Filets de sole meuniere --- 60F
フィレ　舌ひらめ　ムニエル

Mix grill de poissons, sauce tartare --- 75F
ミックス　グリル　魚　ソース　タルタル

(saumon, daurade, rouget, gambas et calamars)
サケ　鯛　ひめじ　エビ　及び　ヤリイカ

Soupe de poissons (avec croutons, rouille et gruyere) --- 55F
スープ　魚　共に　クルトン　ルイユ　及び　チーズ

Marmite du pecheur --- 85F
鍋　魚介類

(soupe de poissons, daurade, rouget, saumon, gambas, rouille, croutons et gruyere)
スープ　魚　鯛　ひめじ　サケ　エビ　ルイユ　クルトン　及び　チーズ

Gambas grilles a la Provençale --- 80F
エビ　グリルした　プロヴァンス風

---
tous nos plats sont garnis de riz, pommes vapeur, legumes, pates fraiches ou frites
全ての料理　ついている　米　ジャガイモ　蒸した　野菜　パスタ　冷たい　もしくは　揚げた

(全ての料理に riz, pommes, legumes, pates がついている。Pates のみ fraiches か frites いずれか選ぶ)

Nos Viandes
肉

Andouillette grillee --- 45F
腸詰め　グリルした

66

Escalope de volaille forestiere --- 55F
そぎ切り　鳥　森の

Cotelettes d'agneau grillée --- 55F
背肉　子羊　グリルした

Tranche de gigot grillée --- 55F
切身　羊のモモ肉 グリルした

Pave de cœur de rumsteack grillée --- 60F
ハツ　ランプ肉　グリルした

Noix d'entrecote grillée --- 60F
リブロース　グリルした

　(nature, au poivre, au roquefort ou forestiere)
　そのまま　コショウ　羊のチーズ もしくは ⑥森林風

　⑥バターでソテーした茸を使った料理

New York steak grillée (env. 300g) --- 95F
ニューヨーク　ステーキ グリルした　約300g

　(nature, au poivre, au roquefort ou forestiere)
　そのまま　コショウ　羊のチーズ もしくは 森林風

Filet mignon de bœuf grillée --- 95F
牛フィレ肉の細い方の先端　グリルした

　(nature, au poivre, au roqufort ou forestiere)
　そのまま　コショウ　羊のチーズ　森林風

[Noix d'entrecote, New York steak, Filet mignon de bœuf の3品は nature, poivre, roquefort, forestiere のいずれかを選択する]

Cuisse de canard confite --- 60F
モモ肉　カモ　脂漬した

> tous nos plats sont garnis (pommes frites, salade, pates fraiches, haricots verts ou
> 全ての料理　ついている　ジャガイモ 揚げた　サラダ　パスタ　冷たい　さやいんげん もしくは
> legumes du jour)
> 本日の野菜

[pommes, salade, pates, haricots, legumes のいずれかを選ぶ]

Menu à 80F
定食　80 フラン

Salade de harengs et pommes de terre, ou salade de tomates et mozzarella ou terrine de
サラダ　ニシン 及び　ジャガイモ　もしくは サラダ　トマト 及び モッツアレラチーズ もしくは テリーヌ

campagne ou œufs mayonnaise
田舎風 もしくは　卵　マヨネーズ

[以上が前菜。Harengs, tomates, terrine, œufs のいずれかを1品選択]

Cotelettes d'agneau grillée ou escalope de volaille forestiere ou andouillette grillée ou
背肉　子羊　グリルした もしくは そぎ切り　鳥　森の もしくは 腸詰め　グリル もしくは

pates fraiches a la bolognaise ou filet de daurade au pistou
パスタ　生の　ボロニャー風 もしくは フィレ　鯛　ピストウ

[以上が主菜。Agneau, volaille, andouillette, pates, daurade のいずれかを1品選択]

Fromage ou tarte maison ou glace 2 boules ou creme caramel maison
 チーズ もしくは タルト 自家製 もしくは アイスクリーム 2コ もしくは カスタードプリン 自家製
[以上がデザート。Fromage, tarte, glace, creme caramel のいずれかを選択]

Menu à 120F
定食 120 フラン

Salade de fruits de mer ou assiette de saumon fume et ses toasts ou assiette de jambon
 サラダ 海の幸 もしくは 料理 サケ 燻製 及び トースト もしくは 料理 ハム
de Parme ou foie gras de canard et ses toasts ou ravioli sauce Bolognaise
 パルマ産 もしくは フォアグラ カモ 及び トースト もしくは ラビオリ ソース ボローニャ風
[以上が前菜。ou（もしくは）が4ヶ所5種類の中から1品選択]

Pave de saumon grillée, sauce au basilic ou filets de daurade a la tapenade ou tranche de
 切身 サケ グリルした ソース バジリコ もしくは フィレ 鯛 タプナード風 もしくは 切身
gigot d'agneau grillée ou noix d'entrecote grillée, sauce au choix ou confit de canard et
 モモ肉 子羊 グリルした もしくは リブロース グリル ソース お好み もしくは ⑦脂漬け カモ 及び
ses pommes sautees
 ジャガイモ ソテー
⑦粗塩をすり込んだ骨付きカモ肉をタイム、ローリエ、ニンニクなどとなじませ、煮込ん
 で熟成させた料理
[以上が主菜。ou（もしくは）が4ヶ所5種類の中から1品選択]

Assortiment de fromages
盛り合せ チーズ

Tiramisu ou ile flottante maisons ou mousse au chocolat ou patisseries maisons ou glace
 ティラミス もしくは メレンゲを浮かせたデザートもしくは ムース チョコレート もしくは パティスリー 自家製 もしくはアイスクリーム
2 boules ou fromage blanc
 2コ もしくは チーズ 白
[以上がデザート。チーズの盛り合せ以外に tiramisu, ile flottante, mousse, patisseries, glace, fromage blanc のいずれか1品を選択]

Nos Desserts
デザート

Tiramisu maison   --- 30F
 ティラミス 自家製

Nougat glace, creme anglaise   --- 30F
 アイスクリーム クレム アングレース

Fruits frais de saison --- 25F
　　フルーツ　新鮮な　　季節

Patisserie ou tarte maison ---25F
　　パティセリーもしくは タルト　自家製

Coupe 3 boules --- 25F
　　アイスクリーム　3コ

Coupe antillaise --- 35F
　　アイスクリーム　ラム酒バニラ風味

☆☆☆☆☆　注文の仕方　☆☆☆☆☆
[La Baie D'Azur のメニュー構成]

Plats du jour 本日の料理	--- A
Nos Salades 　サラダ	--- B
Nos Entrees 　前菜	--- C
Nos Plates fraiches 　パスタ　冷たい	--- D
Nos Poissons 　魚	--- E
Nos Viandes 　肉	--- F
Nos Desserts 　デザート	--- G
Menu à 80F 定食　80 フラン	--- H
Menu à 120F 定食　120 フラン	--- I

アラカルト（A〜G）か、定食（H、I）のいずれかを決める。アラカルトは B〜D の中から1品、A、E、F から1品、G から1品の計3品が一般的な選び方であるが、D〜F から1品のみの注文も OK。

　定食は 80F と 120F の2種類。80F は前菜、主菜、デザート各1品、計3品。120F はチーズが加わり計4品。

　デザートを選ぶ時は、G 以外に Plats du jour（本日の料理）の中にもデザートが2種類入っているので、これも対象にすることが出来る。

|メニュー選択のコツ|……メニュー全体を見渡すことである。慌てない。決して当てずっぽうに注文しない。

　前菜、主菜、デザートの区分をよく確認してから注文する品目を決める。同一区分から2品目注文しないようにする（指示ない限り）。

La Baie D' Azur のメニュー

レストラン

Le Cocodîle
47, promenade des
anglais Nice

メニューは全く単純。簡単に選択できる。本日の料理が曜日限定で準備されている。

[Le Cocodîle のメニューの読み方と日本語訳]

☐ は素材

Les Salades
サラダ

Salade verte   --- 20F   Salade mixte   --- 30F
サラダ　緑の　　　　　　　　　　　　　サラダ　ミックス

Salade moorea (crevettes, avocat, pamplemousse)   --- 55F
サラダ　モーレア　小エビ　アボカド　グレープフルーツ

Salade niçoise   --- 45F
サラダ　①ニース風

① トマト、キュウリ、ピーマン、玉ねぎなどの野菜、ゆで卵、アンチョビ、黒オリーブ、ケッパーにオリーブ油、ニンニク、バジリコのドレッシングをかけたサラダ

Salade de chèvre chaud   --- 60F
サラダ　山羊　温かい

Salade capriciosa (mozzarella, tomate, aubergines)   --- 50F
サラダ　カプリチョーザ　モッツアレラ　トマト　ナス

Salade cocodile (st. jacques et saumon)   --- 80F
サラダ　ココディーユ　帆立貝　及び　サケ

Salade frisée aux lardons et œuf poché   --- 55F
サラダ　縮れた　　ベーコン　及び　ポーチドエッグ

Salade de fruits de mer   --- 70F
サラダ　海の幸

Salade gourmande au foie gras   --- 80F
サラダ　美食家　フォアグラ

Les Entrées froides
前菜　冷たい

Carpaccio de saumon   --- 55F
薄切り　　サケ

Terrine de canard   --- 40F
テリーヌ　カモ

Foie gras   --- 80F
フォアグラ

Les 9 Huîtres fines de claires N°2 --- 75F
9コ　カキ　②フィーヌ ドゥ クレール
② 養殖したカキ

Avocat vinaigrette --- 35F
アボカド　ヴィネグレットドレッシング

Jambon cru --- 60F
ハム　生の

Les Entrées chaudes
前菜　温かい

Les Moules marinières --- 60F
ムール貝　船乗り風

Les Moules Povençales --- 65F
ムール貝　プロヴァンス風

La Soupe de poissons --- 55F
スープ　魚

Les 9 Huîtres gratinées au curry --- 75F
9コ　カキ　グラタン　カレー

Les 12 Escargots --- 65F
12コ　エスカルゴ

Les Pâtes
パスタ

Tagliatelle au saumon --- 70F
タリアテッレ　サケ

Tagliatelle carbonara --- 50F
タリアテッレ　③カルボナーラ
③ 炒めた生のベーコンと卵を基本とするソース

Tagliatelle au pistou --- 50F
タリアテッレ　ピストゥ

Spaghetti aux fruits de mer --- 70F
スパゲッティ　海の幸

Ravioli au fromage --- 60F
ラビオリ　チーズ

Les Poissons
魚

Loup gillé flambé au pastis --- 150F
スズキ　グリル　フランベ　パスティス

Daurade royale grillée --- 120F
鯛　ロイヤル　グリル

Turbot poché sauce hollandaise --- 170F
ヒラメ　　ゆでた　ソース　④オランダ風

④ 粗挽きこしょうと酢を煮詰め、湯せんにかけながら卵黄を混ぜ、溶かしバターを少し
ずつ加え、水または、クリームとレモン汁を加えて裏漉したもの

Panaché de poissons au moules --- 95F
盛り合せ　　　魚　　　　ムール貝

Gambas grillées et flambées --- 130F
エビ　　　　グリル　及び　フランベ

La Bourride provençale --- 270F
ブリード　　　プロヴァンス風

（pour 2 pers 20mn d'attente）
2人前　　　20分待ち

Sole meunière ou grillée --- 125F
ヒラメ　　ムニエル　もしくは　グリル

La Rascasse en papillote --- 75F
カサゴ　　　包み焼き

Saumon grillé aux petits légumes --- 75F
サケ　　グリル　　少しの　　野菜

Les Viandes（肉を選択する場合は下記からソースを選ぶ）
　　　　肉

Tartare de bœuf --- 70F
タルタル　　　牛

L'Entrecôte grillée --- 80F
リブロース　　グリル

Carré d'ageau --- 230F
背肉　　小羊

（pour 2 pers. 20mn d'attente）
2人前　　　20分待ち

Filet de bœuf --- 120F
フィレ　　牛

L'escalope de veau a la crème --- 85F
エスカロップ　　子牛　　　クリーム

L'Escalope de veau milanaise --- 85F
エスカロップ　　子牛　⑤ミラノ風

⑤パン粉とパルメザンチーズを付けた子牛のスライスをバターでソテーし、マカロニと
トマトソースを付け合せたもの

Bavette --- 65F
牛の上方腹部肉

Le magret au miel --- 90F
カモの胸肉　　蜂蜜

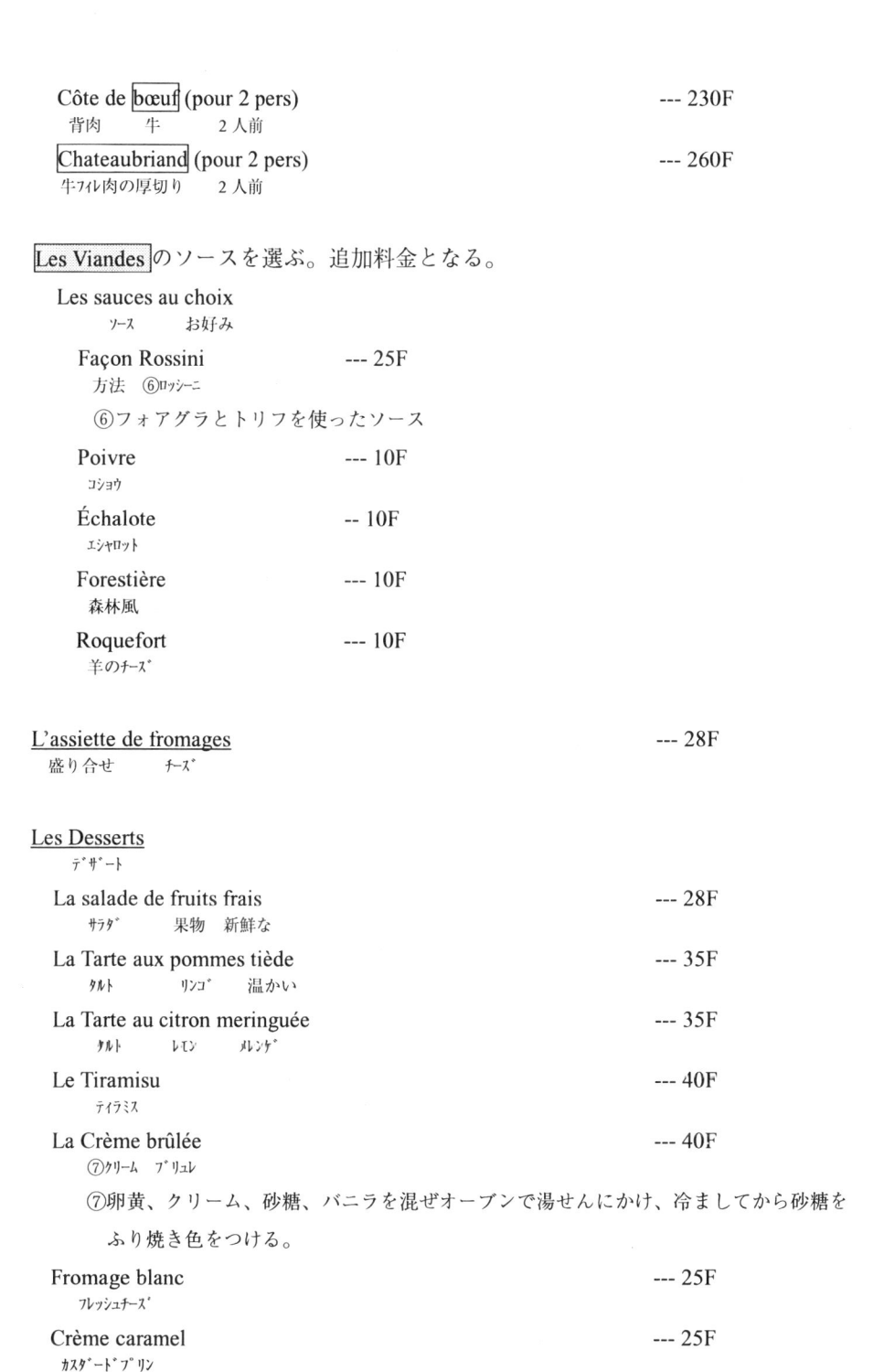

Côte de bœuf (pour 2 pers) --- 230F
　背肉　　牛　　2人前

Chateaubriand (pour 2 pers) --- 260F
　牛フィレ肉の厚切り　2人前

Les Viandes のソースを選ぶ。追加料金となる。

　Les sauces au choix
　　ソース　　お好み

　　Façon Rossini　　　　　--- 25F
　　方法　⑥ロッシーニ
　　⑥フォアグラとトリフを使ったソース

　　Poivre　　　　　　　　--- 10F
　　コショウ

　　Échalote　　　　　　　-- 10F
　　エシャロット

　　Forestière　　　　　　--- 10F
　　森林風

　　Roquefort　　　　　　--- 10F
　　羊のチーズ

L'assiette de fromages --- 28F
　盛り合せ　　チーズ

Les Desserts
　デザート

　La salade de fruits frais --- 28F
　　サラダ　　果物　新鮮な

　La Tarte aux pommes tiède --- 35F
　　タルト　　リンゴ　温かい

　La Tarte au citron meringuée --- 35F
　　タルト　　レモン　メレンゲ

　Le Tiramisu --- 40F
　　ティラミス

　La Crème brûlée --- 40F
　　⑦クリーム　ブリュレ
　　⑦卵黄、クリーム、砂糖、バニラを混ぜオーブンで湯せんにかけ、冷ましてから砂糖を
　　ふり焼き色をつける。

　Fromage blanc --- 25F
　　フレッシュチーズ

　Crème caramel --- 25F
　　カスタードプリン

Ile flottante --- 30F
イル フロタント

Les Glaces
アイスクリーム

3 boules au choix --- 30F
3コ　　　お好み

Le Parfait café --- 35F
コーヒー風味のﾊﾞﾌｪ

Le Mystère --- 30F
⑧ミステリー

⑧イタリアンメレンゲで覆い、刻んだアーモンドをかけたアイスクリーム。

Le Chocolat liégeois --- 45F
チョコレート　ﾘｴｰｼﾞｭ風

La Dame blanche --- 45F
⑨ﾀﾞﾑ　　ﾌﾞﾗﾝｼｭ

⑨バニラアイスクリームなどの白または、淡い色のデザート。リキュール風味のフルーツのコンポート。

Coupe colonel --- 45F
脚付ｸﾞﾗｽ　ｺﾛﾈﾙ

Coupe jack --- 45F
脚付ｸﾞﾗｽ ｼﾞｬｸ

Supplément chantilly --- 8F
追加　　ﾎｲｯﾌﾟｸﾘｰﾑ

Menu à 100F
定食　　100 ﾌﾗﾝ

Moules à la provençale ou 6 Escargots ou Terrine de canard ou La Salade du chef à
ムール貝　ﾌﾟﾛｳﾞｧﾝｽ風 もしくは 6コ ｴｽｶﾙｺﾞ もしくは ﾃﾘｰﾇ　　　ｶﾓ もしくは　　 ｻﾗﾀﾞ　　 ｼｪﾌ

l'avocat ou Frisée aux lardons et œuf poché
ｱﾎﾞｶﾄﾞ もしくは 縮れた　　 ﾍﾞｰｺﾝ　及び　ﾎﾟｰﾁﾄﾞｴｯｸﾞ

[以上が前菜。1品選択。]

Escalope de volaille forestière ou faux filet grillé ou sauté d'agneau aux petits légumes
そぎ切り　　　　とり　　森林風　もしくは ｻｰﾛｲﾝ　ｸﾞﾘﾙ もしくは ｿﾃｰ　　 子羊　　少しの　野菜

ou Aïoli de cabillaud ou Blanc de rascasse en papillote ou Filet de daurade au curry ou
もしくは ⑩ｱｲﾖﾘ　　ﾀﾗ もしくは 白身　　ｶｻｺﾞ　 包み焼き もしくは ﾌｨﾚ　　　鯛　　ｶﾚｰ もしくは

Plat du jour
料理　　本日

⑩おろしニンニク、卵黄、オリーブ油を乳化させて作ったソース

[以上が主菜。1品選択。]

Salade de fruits ou Fromage blanc ou Crème caramel ou Mousse au chocolat
　フルーツサラダ　もしくは フレッシュチーズ　　もしくは　カスタードプリン　もしくは　ムース　　　チョコレートムース
[以上がデザート。1品選択。]

Menu à 155F
　定食　　155 フラン

Salade gourmande au foie gras ou Soupe de poissons ou Délice d'avocat au saumon
　サラダ　　　美食家　　　フォアグラ もしくは スープ　　　魚　もしくは　デリス　　アボカド　　サケ
fumé ou La Douzaine d'escargots ou Les Six huîtres gratinées au curry ou Les Six
燻製もしくは　　12コ　　　エスカルゴ もしくは　 6コ　　カキ　　グラタン　　　カレー もしくは　6コ
huîtres sur glace
　カキ　　　グラス
[以上が前菜。1品選択。]

Magret de Canard au miel ou Mixed-grill de viandes ou Daurade royale grillée ou
　胸肉　　 カモ　　 蜂蜜 もしくは ⑪ミックスドグリル　　肉　 もしくは　鯛　　ロイヤル　グリル　もしくは
Panaché de poisssons aux moules ou La Marmite du pêcheur
　盛り合せ　　魚　　　　ムール貝　もしくは　　鍋　　　　漁師
　　⑪ステーキをグリルし、グリーンサラダやトマトを添えたもの。
[以上が主菜。1品選択。]

Le Brie de meaux
　　　　ブリーチーズ

Desserts aux choix
　デザート　　お好み
[前菜1品、主菜1品、ブリーチーズ、デザートの計4品。]

Menu Junior (～10 ans)   --- 45F
　定食　ジュニア　10才以下

Steack haché-frites ou Poisson pomme vapeur
　牛ひき肉のステーキ 揚げる もしくは　魚　　ジャガイモ　蒸す
　　[ステーキか魚のいずれか選ぶ]

Le petit pot de glace
　小さい　　ツボ　　アイスクリーム

Vanille-chocolat
　バニラ　　　チョコレート

Plat du jour   --- 53F
  本日の料理

  Specialites maison
      特別自家製

  Mardi--- Couscous poissons
   火曜日   ⑫クスクス   魚
   ⑫魚、にんじん、タマネギ、さやいんげん等とエジプト豆、白いんげん豆と共に煮込む

  Mercredi--- Paella
   木曜日   パエリア

  Vendredi--- Aïoli
   金曜日   ⑬アイヨリ
   ⑬ニンニク、卵黄、オリーブ油を乳化させ、ジャガイモを加えたもの

Les Rosés et Les Rouges (des Vins)
    ロゼ　及び　　赤　　　　ワイン

  Château Vaucouleurs   37.5cl --- 50F,   75cl --- 80F
    シャトー　　ヴォークルール

  Château Minuty   --- 80F,   --- 150F
    シャトー　　ミニュティ

  Saugeres   --- 90F,   --- 160F
    ソージェール

Les Blancs (des Vins)
    白　　　ワイン

  Château Vaucouleurs   37.5cl --- 50F,   75cl --- 80F
    シャトー　　ヴォークルール

  Château Minuty   --- 80F,   --- 150F
    シャトー　　ミニュティ

  Domaine d'ott   --- 240F
    ドマンヌ　　ドット

Les Boissons
    飲み物

  Eau minerales   50cl --- 18F,   100cl --- 22F
       水

  Jus de fruits, orangina   --- 16F
    フルーツジュース　オレンジジュース

Les Bières
    ビール

  Pression   25cl --- 16F,   50cl --- 30F
    生ビール

☆☆☆☆☆ 注文の仕方 ☆☆☆☆☆
[Le Cocodîle のメニュー構成]

Les Salades	--- A
サラダ	
Les Entrées Froides	--- B
前菜　冷たい	
Les Entrées Chaudes	--- C
前菜　　温かい	
Les Pâtes	--- D
パスタ	
Les Poissons	--- E
魚	
Les Viandes	--- F
肉	
L'Assiette de fromages	--- G
盛り合せ　　チーズ	
Les Desserts	--- H
デザート	
Les Glaces	--- I
アイスクリーム	
Menu à 100F	--- J
定食　　100 フラン	
Menu à 155F	--- K
定食　　155 フラン	
Menu junior 45F	--- L
定食　ジュニア　45 フラン	
Plat du jour	--- M
本日の料理	

アラカルトか定食のいずれか決める。アラカルトであれば、A～Dの中から1品、E, F, Mから1品、G～Iの中から1品の計3品が一般的コースであるが、D～F、Mから1品のみの注文もOK。定食100フランは3品選択、155フランは前菜、主菜、チーズ、デザートの4品。ジュニア定食もある。

Le Grandbleu

77

13　Nice→Genova ドライブとレストランメニュー (6/9)

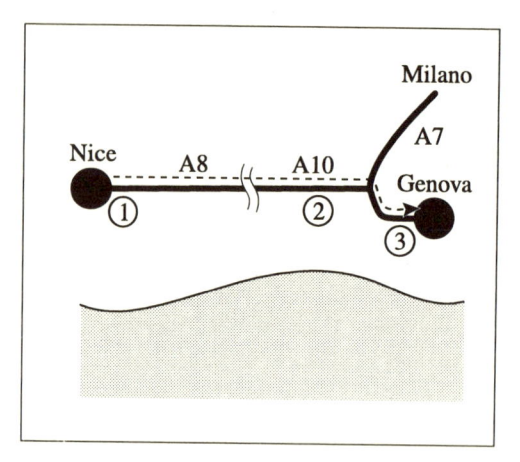

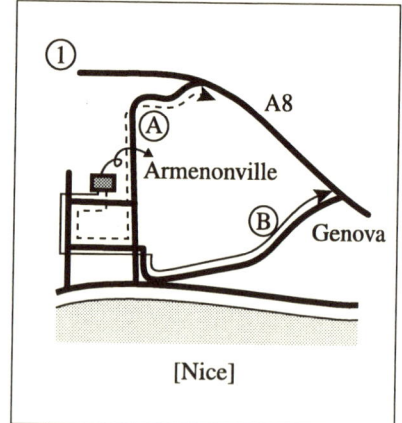

[図①]

[Nice]

[図②]

[Genova]

[図③]

[Genova]

　A8に入るには2通りのルートがある。(図①)AとBで示す。Aはホテルを出て山側を北上するルート。一方、Bはしばらく海岸沿いを走り山側を斜めに上っていくルート。ホテルのオーナーは①Aをすすめる。

　山側を直線的に上っていく、突当りに高速道路標識。A8に入りしばらくしてフランス側最後の料金所。料金は10.5FF、硬貨投入と紙幣差し込みの両方がある。

　イタリアに入るとトンネルと急カーブが多くなる。ライトをつけたり、消したりと忙しい。そうこうしているうちにイタリア側初めての料金所。カード受取のみ。相変わらず、トンネルの連続。

　Nice から Genova に入る A10 と A12 からの入口は6ヶ所(GE Voltri、GE Pegli、GE Aeroporto、GE Ovest、GE Est、GE Nervi)。(図②) 下りたのは GE Pegli (Hotel Galles へは GE Ovest が最も便利)。

　GE Pegli のゲートはセルフサービス。つまり、via card (町の Tabacchi、料金所の脇にある Punto

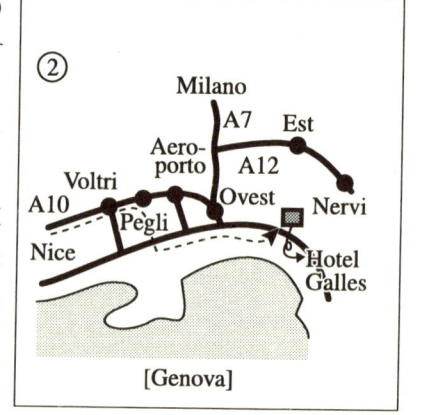

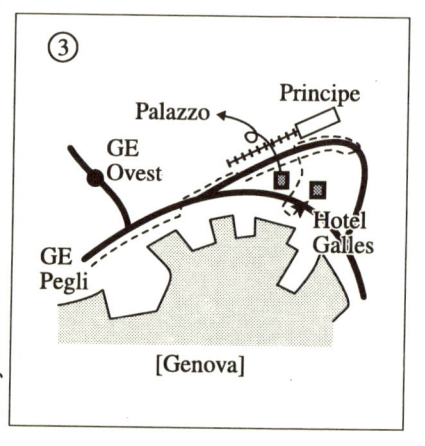

78

blu に売っている）がないと支払えない。Via card を所持していないので、"Richiesta Assistenza"（英語で「Help」）のボタンを押す。係員が来るはずだが来ない。しばらくすると先ほど差し込んだカードとは別のカードが飛び出してくると同時にゲートが開く[セルフサービスのゲートに入っても決して慌てない、"Richiesta Assistenza"のボタンを押して係員が来るのを待つか、上記のように後払いのカードが出てくる]。

　料金所を出て左折。海沿いにまっすぐ進む。右手の飛行場（colombo）を過ぎ、GE Ovest からの道と合流（GE Pegli より約 9km）。さらに進むと、山側と海側に分岐。Hotel Galles（図③）は Principe 駅の横にあると聞いていたので山側を走り、駅の周辺を探すも見当らず。意外と Galles の知名度低い？　それとも聞く相手が悪かったのか？　そこで住所（bersaglieri）を説明して、横といっても駅のすぐ横ではなく、一筋離れた海側通りにあることを知る。

　U ターンし、palazzo 横を左折するとそこにはブルー色のモダンな Hotel Galles。荷物をトランクから取り出すのに難儀。トランクのロックを外すのにうまくいかず、ホテルの屈強なマネージャーに応援要請。それでもなかなか開けられない。何かにひっかかっている様子（当て傷の後遺症?!）。力づくでやっとあけてもらうことができた。トランクが走行中に開いてしまうとか、ロックを外すのがうまくいかないなどで欠陥だらけの車。レンタカーにはこんな車もある。

　トラブルついでに料金所の出来事を説明。どこに支払えばよいのか相談するも、何とその必要はないという。そこへ若者 2 人が入ってくる。マネージャーとは知り合いの様子。彼らに向って「この日本人は高速道路をパスして来た」、イタリア人でさえ難しい（？）のにと言っている。やおら、「ブラボー」叫んでくれる。得したような気もするが、複雑な気持ち。追跡されないかと聞くも、されないという。因みに料金は 25,000Lit。[カードの裏側にはセルフサービスのゲートで支払出来ない時は 15 日以内に次のところに支払うようにと書いてある---Punto blu（プントブル）, Porta con riscossione manuale（係員のいるトールゲート）, uffico postale（郵便局）]

Attestato di Transito in Porta Self-Service
(セルフ・サービスゲートの通過証明書)

Genova

|ホテル|
☆☆☆
Hotel Galles
Via bersaglieri d'Italia
13-16126 Genova
プリンチペ駅近く、フェリーとクルーズ乗り場前。
20室。駐車場有。

|レストラン|

| i tre merli |
| (restaurant & wine bar) |
| porto antico-palazzina |
| millo 16126 Genova |

ジェノヴァ料理の1つ "Dal Forno a Legna"（かまど焼き）。Farinata di ceci（エジプト豆のファリナータ）、Focaccia con il formaggio（チーズがついたフォカチア）は名物料理。

[i tre merli のメニューの読み方と日本語訳]

□ は素材、( ) は英語

Antipasti (Appetizers)
前菜

Fantasia tiepida di |mare| all'olio d'oliva
ﾌｧﾝﾀｼﾞｱ　　熱い　　海の幸　　ｵﾘｰﾌﾞ油

(Warm seafood salad with olive oil)

Gamberi scottati al vapore su serzetto al balsamico
エビ　　さっとゆでた 蒸気　　　サラダ　　　バルサミコ

(Steamed prawns on a bed of salad with balsamic vinegar)

Totanetti grigliati al pane aromatizzato al timo
イカ　　　グリル　　パン粉まぶす 香りをつけた　タイム

(Lightly breaded and grilled baby squids)

Capesante gratinate su germogli di soia e spinaci
帆立貝　　グラタン　　　若芽　　　大豆及びホウレン草

(Lightly breaded and grilled scallop on a bed of soy sprouts and spinach)

Sformato di borragine in salsa delicata al peperone giallo
スフォルマート　 るりちしゃ　　ソース　美味な　　　ピーマン　　黄色い

(Borage pudding in yellow pepper sauce)

Manzo battuto alle erbe, scaglie di grana e agrumi
雄牛　 細かく切った 野菜　かけら パルメザンチーズ及び柑橘類

(Paper-thin slices of raw beef with parmesan cheese and citrus fruits)

Gran misto di verdure alla griglia e bacon croccante
大きい 混ぜた　　野菜　　 グリル 及び ベーコン　かりかりした

(Grilled vegetables with crisp bacon)

Primi piatti (Pasta)
1 皿目

Taglierini caserecci alla bottarega e pomodorini cherry
タリアテッレ　　 自家製　　　 からすみ 及び　トマト　　 小さい

(Homemade thin tagliatelle with pressed and dried tuna roe and baby tomatoes)

Lunette di granchio ai gamberi e maggiorana
ラビオリ　　　　 カニ　　　　エビ　及び　①マヨナナ

(Crabs ravioli with prawns and marjoram)

①　ハッカに似た香りの高い植物

Maccheroncini con ratatouille di melanzane e zucchine agli scampi
マカロニ　　　　 共に ②ラタトウイユ　　　ナス　　及び ズッキーニ　　　 エビ

(Macaroni with eggplants, zucchini and scampi)

②　ナス、タマネギ、ピーマン、ズッキーニなどの野菜をオリーブ油で炒めて煮込んだ
　　料理

Risotto mantecato alle fave e frutti di mare
リゾット　 こねた　　　　 そら豆 及び　海の幸

(Risotto with fava beans and seafood)

Ravioli di borragine alle punte d'asparagi e nocciole
ラビオリ　　 るりちしゃ　　　先端　アスパラ 及び はしばみの実

81

(Borage ravioli with asparagus and azelnuts)

Gnocchi integrali al pomodoro fresco, basilico e caprino
ﾆｮｯｷ　　　ふすま入り　　　ﾄﾏﾄ　　　新鮮な　ﾊﾞｼﾞﾘｺ　及び　ﾔｷﾞのﾁｰｽﾞ

(Whole-wheat dumplings with fresh tomatoes, basil and fresh goat's cheese)

Trofiette di Recco al pesto
両端をねじったﾆｮｯｷ　ﾚｯｺ　ｿｰｽ

(Baby dumplings with classic Genoese pesto sauce, potatoes and string beans)

Pansöti di magro in salsa di noci
③ﾊﾟﾝｿｯﾃｨ　脂分のない　ｿｰｽ　　　くるみ

(Homemade herb ravioli with walnut sauce, a speciality of the Riviera)

　　　③　野生のとうちしゃ、るりちしゃ等の季節の野草を刻み、羊乳のリコッタチーズ、卵などと混ぜて詰
　　　　めたラビオリの一種

Secondi piatti (Entrees)
二皿目

Grigliata mista di pesce e verdure
ﾐｯｸｽｸﾞﾘﾙ　　　　魚　及び　野菜

(Mixed grilled fish of the day and vegetables)

Bianco di orata con patate, capperi e olive Taggiasche
白身　　　真鯛　　付き　ｼﾞｬｶﾞｲﾓ　ｹｯﾊﾟｰ　及び　ｵﾘｰﾌﾞ　　　ﾀｼﾞｱｯｼｭ

(Baked filets of gilthead seabream with potatoes, cappers and olives)

Fricassèa di pesce spada e spigola alla Ligure
ﾌﾘｶｯｾ　　　　めかじき　及び　ｽｽﾞｷ　　　ﾘｸﾞﾚ

(Ligurian style fricasee of sword fish and sea bass)

Stoccafisso in umido alla "Mario"
　　　干だら　　煮こんだ　　ﾏﾘｵ

(Codfish stew Genoese style with potatoes, olives, pine nuts and herbs)

Filetto di manzo alle erbe Provenzali
ﾌｨﾚ　　　　牛　　　　野菜　ﾌﾟﾛｳﾞｧﾝｽ

(Grilled beef tenderloin with herbs of Provence)

Medaglione di vitello ai funghi porcini
ﾒﾀﾞﾘｵﾝ　　　　子牛　　　ﾏｯｼｭﾙｰﾑ

(Veal medallions with wild mushrooms)

Coniglio in casseruola al rosmarino in fumetto di Pigato
ｳｻｷﾞ　　　　ｼﾁｭｰ鍋　　　ﾛｰｽﾞﾏﾘｰ　　　ｱﾆｽ酒　　　ﾋﾟｶﾞｰﾄ

(Casserole rabbit with rosemary and Ligurian white wine)

Dal Forno a Legna (Brick Oven)
かまど　　薪

Antica farinata di ceci alla Genovese [minimo 3 persone]
④パンケーキ　　ひよこ豆　ジェノヴァ　　最低　　3人

(Chick-peas polenta --- minimum 3 persons)

④ ひよこ豆の粉で焼いたパンケーキ

Farinata di ceci e bianchetti [minimo 3 persone]
パンケーキ　ひよこ豆　及び　しらす　最低　3人

(Chick-peas polenta with fry --- minimum 3 persons)

Farinata di ceci e rosmarino [minimo 3 persone]
パンケーキ　ひよこ豆　及び　ローズマリー　最低　3人

(Chick-peas polenta with rosemary --- minimum 3 persons)

Farinata di ceci e cipolline [minimo 3 persons]
パンケーキ　ひよこ豆　及び　小タマネギ　最低　3人

(Chick-peas polenta with leeks --- minimum 3 persons)

[以上が Farinata であり、ceci のみの他に bianchetti, rosmarino, cipolline の入ったものがある]

Focaccia di Recco con il formaggio
⑤フォカッチャ　レッコ　共に　チーズ

(A very thin cheese pie traditional of Recco in the Italian Riviera)

⑤　ピッツァに似た薄く平らなパン。オリーブの実や干しぶどうの入ったものもある。

Focaccia con il formaggio pizzata
フォカッチャ　共に　チーズ　　ピザ

(Thin cheese pie with tomatoes sauce pizza style)

Focaccia con il formaggio, pomodoro fresco e lardo d'Arnad
フォカッチャ　共に　チーズ　　トマト　新鮮な　及び　ベーコン　アルナド

(Thin cheese pie with fresh tomatoes and bacon fat)

Focaccia con il formaggio, pomodoro fresco e prosciutto di Parma
フォカッチャ　共に　チーズ　　トマト　新鮮な　及び　ハム　　パルマ産

(Thin cheese pie with fresh tomatoes and Parma ham)

[以上が Focaccia であり、formaggio のみの他に pizzata, pomodoro, prosciutto のついたものもある]

Misto di torte alla Genovese
盛り合せ　パイ　ジェノヴァ風

(Genoese seasonal vegetable pies)

[Farinata, Focaccia 以外に Torte (野菜入りのパイ) もある]

Dessert
デザート

Bavarese alla vaniglia in salsa di fragole
ババロア　　　バニラ　　ソース　　いちご

　(Vanilla Bavarian cream with strawberry sauce)

Lamponi alla fiamma e gelato fiordilatte
木いちご　　フランベした 及び アイスクリーム カスタード

　(Raspberries flambé with custard ice cream)

Crostata di pere, amaretto e scaglie di cioccolato
タルト　　西洋ナシ　アマレット酒 及び かけら　チョコレート

　(Pears and macaroon tart with chocolate flakes)

Focaccia calda alla nocciola
フォカッチャ　温かい　　はしばみの実

　(Warm nut cream thin pie)

Strudel di mele
⑥パイ　　　リンゴ

　(Apple strudel)

　⑥ 果物、チーズなどをパイ生地の上に並べ渦巻き状に巻いて焼いたパイ

Sorbetto del giorno
シャーベット　　本日

　(Sorbet of the day)

☆☆☆☆☆　注文の仕方　☆☆☆☆☆

[I tre merli のメニュー構成]

Antipasti 前菜	---A
Primi piatti パスタ	---B
Secondi piatti 主菜	---C
Dal forno a legna かまど焼き	---D
Dessert デザート	---E

AとBから1品、CとDから1品、Eから1品の計3品が一般的な注文の仕方であるが、B～Dから1品目のみの注文もOK。Dal forno a legna の farinata, focaccia を是非食してみるとよい。

RISTORANTE I TRE MERLI
SPECIALITÀ GENOVESI
Porto Antico - Palazzina Millo
16126 G E N O V A
Tel. 010/2464456
S & C s.r.l. Via Ceccardi 2/3 - 16121 Genova
P.IVA 03572430100 - R.E.A. 0356048

14　Genova→Milano（市内縦断）
　　　ドライブとレストランメニュー（6/10）

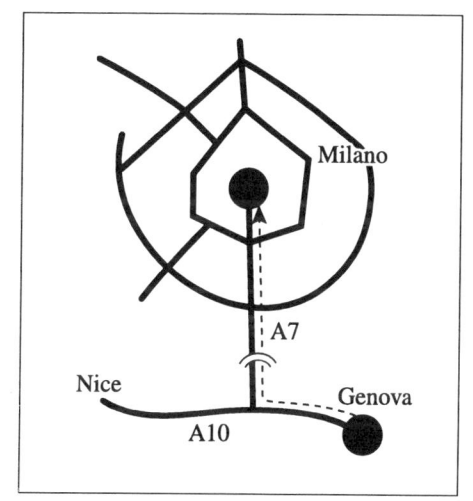

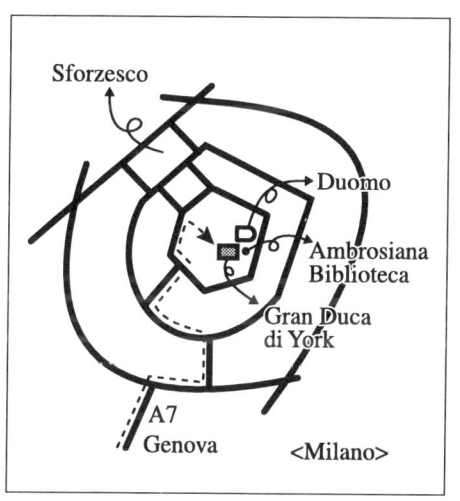

　Hotel Galles から高速入口は「Autostrade」の標識に従ってすすむ。GE Ovest に入ると Aeroporto と Milano に分かれる。Milano へ。しばらくはカーブとトンネルの連続。路面状態があまりよくない。ヒビが入っていたりして劣悪。料金所あり。「有人」5ヶ所、「Via Card」6ヶ所、「Telepass」（レーダーで契約車両を自動感知して料金を別途請求するもの。レンタカーはこのゲートに入らないようにする。）が右端に1ヶ所。

　「Via Card」と「Telepass」は料金所ゲートの上に ＜＜＜Via Card と Telepass と表示されている。「Via Card」を所持していない場合は左半分の有人ゲートに入る。料金は 13,000Lit。

　いよいよ、最後の関門、ミラノ市内。2層目の環状線までは楽に入れる。そこから先は直線的には走行出来ない。Hotel Gran Duca di York はミラノの中心 Duomo に近い。目標は Duomo。雑貨屋さんで道を聞く。英語を話す年輩のご主人。しばらくは環状線を走れ、地下鉄 Agostino を右に曲がれ、そこから先は人に聞け。地下鉄 Agostino がどこかわからず適当に右折したところが Agostino。ここから北上、Corso 通りを右折したところで再度、道を聞く。今度は聞く対象をホテルの横にある Ambrosiana Biblioteca（アンブロシアナ美術館）にする。Ambrosiana ならこの一方通行を 200m 先と聞き、ホテルは近いことを知る。道なりに曲がりながらそれらしき重厚な建物の横に接近した時、ひょいと、右側を見るとドアに金色で書かれた「Hotel gran Duca di York」。ミラノ市内は慣れるまでは、地図を見ながら運転するような芸当はできない。地図を見るタイミングは教えられた方向にしばらく走行してから地図を見る。走ってから地図を見て、

85

自分の位置を確認する。電車も走っている。信号の位置が日本より低く、道路端に取付けられているので多少見づらい。

　ここで、Aix-en-Provence の downtown と Milano の中心部に車で入っていく方法を整理するとつぎのようになる。

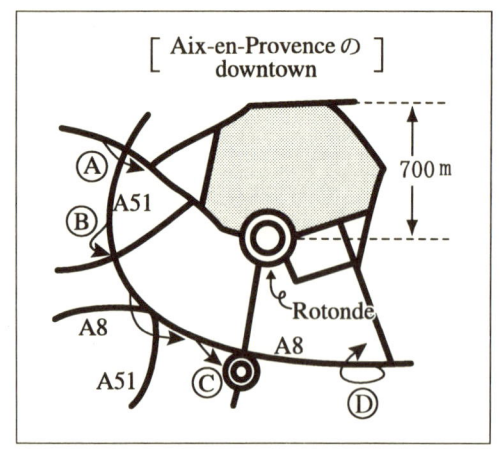

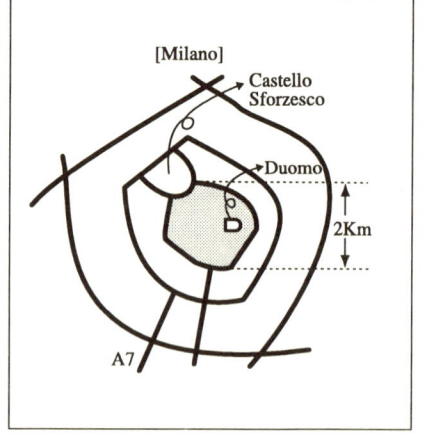

	Aix downtown	Milano
進入口	4ヶ所（Avignon から）	どこからでも
中心地に進む方法	入口を確保すれば、自動的に中心地へ	環状線を利用、ジグザグに進む
密集地のエリア	直径 700m	直径 2km
特記事項	進入口は4ヶ所（Ⓐ、Ⓑ、Ⓒ、Ⓓ）。あらかじめ進入口を決めておく。いずれからでも La Rotonde に行き着く。斜線部にホテルを予約する時は進入ルートの情報を得ておく（一方通行が多いため）。	3層の環状線により Duomo が囲まれている形をしている。ミラノ市内全体が曲がりくねっている訳ではない。一番内側、直径約2kmの中心地が厄介。ただし、道幅は Aix-en 程狭くはない。

　両街とも全体が入り組んではいないが、海外ドライブの初期段階では行動に便利だからといって、いきなりのど元深く入り込まない。出来るだけ郊外がよい。例えば、地下鉄・電車などの終点（郊外の）近くはどうだろうか。中心地へはタクシーを利用すれば「緊張感」の連続からの解放をもたらし、次のスケジュールへの「間」を与えてくれる。

Milano

　車のスピード制限は、市街地で 50 km/h、郊外では 90 km/h。

　高速道路は 110 km/h と 130 km/h とがある。

ホテル

☆☆☆

Hotel gran Duca di York
Via moneta 1/A 20123 Milano
Duomo、地下鉄にも至近距離、絶好のロケーション。
Biblioteca Ambrosiana の隣り。駐車場無。

レストラン

| Milanese |
| Via santa marta 11 |

メニュー構成が通常のパターンと少し異なる。Secondi piatti のところが piatti da farsi, piatti del giorno, funghi poricini, pesci と多岐に分解されている。どちらかといえば、肉料理主体。メニューはシンプル、A4 判 1 枚。

[MILANESE のメニューの読み方と日本語訳]

☐ は素材

Antipasti
前菜

Bresaola alta Valtellina 塩漬け干し牛肉　ヴァルテリーナ渓谷	--- L16,000
Porcini all'olio d'oliva やまどりたけ　オリーブ油	--- L16,000
Antipasti misti nervetti 　前菜の取り合せ　子牛のひざ肉	--- L16,000
Patè casalingo di tonno パイ包み　自家製　　マグロ	--- L16,000
Cotolette in carpione カツレツ　　　　マス	--- L24,000
Prosciutto, lardo, salumi vari 　ハム　　　レバー　　サラミ　他	--- L14,000

Minestre
スープ・パスタ

Brodo in tazza 澄ましスープ カップ入り		--- L9,000
Tagliatelle fresche タリアテッレ　新鮮な	ai funghi porcini 　やまどりたけ	--- L16,000
	al pomodoro, sugo d'arrosto 　トマト　　　汁　ロースト肉	--- L15,000
Spaghetti espressi スパゲッティ　即席	all'arrabbiata 　ピリット辛い	--- L16,000
	al pesto Genovese, Macchiati 　ソース　　ジェノヴァ風　マッキアーティ	--- L15,000
Ravioli casalinghi di carne ラビオリ　　自家製　　　肉		--- L15,000
Ravioli di ricotta e spinaci ラビオリ　　リコッタチーズ及び ホウレン草		--- L15,000
Minestrone di pasta o riso 野菜スープ　　パスタ もしくは 米		--- L15,000

『o』(「オ」と発音、「もしくは」の意味)があるので、pasta もしくは riso を選択する。

Risotto alla Milanese o al salto リゾット　①ミラノ風　もしくは　炒めた	--- L15,000

(Milanese, salto のいずれか選択)

①　米をバターで炒めスープ、サフランを加えて黄金色に炊いた料理

<u>Riso</u> bollito <u>o</u> maccheroni --- L14,000
 米　煮る もしくは　マカロニ
 （bollito, maccheroni のいずれか選択）

<u>Gnocchi</u> casalinghi di patate --- L14,000
 ニョッキ　自家製の　ジャガイモ

<u>Troffie</u> Genovesi al pesto --- L15,000
両端ねじったニョッキ ②ジェノヴァ風 ソース
 ② バジリコ、ニンニク、松の実、ペコリーノチーズをすって練りあわせたもの。

<u>Zuppa</u> di legumi <u>o</u> di verdura --- L14,000
 スープ　　豆　もしくは　野菜
 （legumi, verdura のいずれか選択）

【注】前置詞、接続詞、冠詞について---神経質になる必要はないが、大事な意味を持つものがあるので覚えておきたい。
 『o』は"もしくは"を意味しているので、文章の中に出てきたら、これはあなたがいずれかを選ぶのですよという催促の文字。
 例えば、Minestrone di pasta　o　riso
    野菜スープ の　パスタ もしくは 米

pasta と riso の間に『o』（もしくは）が入っているので、pasta 入りか、riso 入りかのいずれかを選ぶ。「di」は非常に多用される。"の"の意味。「e」は"及び"、「al」「alle」「alla」「ai」は"〜で"、「con」は"共に"、「in」は"〜で"、「il」「un」は冠詞。

Piatti da farsi
料理　焼きもの

<u>Risotto</u> e <u>Ossobuco</u> --- L32,000
 リゾット 及び ③オソブーコ
 ③ 骨つき子牛のすね肉を筒切りにして、トマトで蒸した料理

<u>Bistecche</u> con un uovo --- L26,000
 ビフテキ　　付き　卵

Hamburger di <u>manzo</u> ai ferri --- L20,000
 ハンバーガー　　牛　　網焼き

Costata di roast <u>beef</u> --- L20,000
 カツレツ　　ロースト　ビーフ

<u>Paillard</u> <u>o</u> <u>Scaloppine</u> --- L20,000
子牛肉の網焼きもしくは 薄切り肉

<u>Cotolette</u> alla Milanese --- L28,000
 カツレツ　　ミラノ風

<u>Fegato</u> e <u>Rognone</u> ai ferri --- L30,000
 レバー 及び 心臓　　網焼き

89

Fritture di vitello --- L28,000
フライ　　　子牛

Carne cruda olio e limone --- L20,000
肉　　　生　ｵﾘｰﾌﾞ油 及び ﾚﾓﾝ

Petti di pollo alla Valdostana --- L26,000
胸肉　　　とり　　ｳﾞｧﾙﾄﾞｽﾀﾅ

Costolette farcite al prosciutto --- L28,000
ｶﾂﾚﾂ　　　詰めもの　　ﾊﾑ

Piatti del giorno
料理　　本日

Fesa o Punta di vitello al forno --- L20,000
ﾓﾓ肉もしくは背肉　　牛　ｵｰﾌﾞﾝ焼

Vitello tonnato --- L26,000
牛　④ﾄﾝﾅｰﾄ

④　子牛肉を白ワイン、タマネギ等の野菜と一緒に蒸し煮、裏漉しした「まぐろ」の入った濃いソースをかけた料理。

Involtini Messicani --- L20,000
⑤詰めもの　ﾒｷｼｺ風

⑤　子牛や豚の詰めもの料理

1/4 di pollo o gallina --- L20,000
とりもしくはめすどり

2 uova a piacere --- L12,000
卵　お好み

Ossi Buchi in umido --- L26,000
骨つきﾊﾞﾗ肉　ﾌﾞｷ 煮込み

Foiolo alla Milanese --- L26,000
牛の第3胃　　ﾐﾗﾉ風

Roast beef all'inglese --- L20,000
ﾛｰｽﾄ　牛　ｲｷﾞﾘｽ風

Pollo in gelatina --- L20,000
とり　　煮こごり

Polpette al pomodoro --- L20,000
小ﾀﾞｺ　　　ﾄﾏﾄ

Mondeghili Milanesi --- L20,000
ﾐｰﾄﾎﾞｰﾙ　　　ﾐﾗﾉ風

Polenta uova e gorgonzola --- L 20,000
⑥ﾎﾟﾚﾝﾀ　　卵 及び　ｺﾞﾙｺﾞﾝｿﾞｰﾗ

⑥　トウモロコシの粉に水やスープを加え火にかけ、固く練り上げたもの。

Funghi Porcini
やまどりたけ

Trifolati, scaloppine --- L32,000
ﾆﾝﾆｸとﾊﾟｾﾘで炒めた ｴｽｶﾛｯﾌﾟ

Polenta e funghi --- L32,000
ﾎﾟﾚﾝﾀ 及び きのこ

Pesci
魚

Salmone o sogliole ai ferri --- L28,000
ｻｹ もしくは 舌平目 網焼き

Merluzzo fritto, bollito, in umido --- L26,000
ﾀﾗ　　ﾌﾗｲ　蒸す　　煮込む

（「o」がないが、fritto, bollito, umido のいずれかを選ぶ。）

Spada fresco ai ferri --- L28,000
めかじき 新鮮な 網焼き

（魚は salmone, merluzzo, spada の3種類しかない。）

Legumi-Verdure
豆　　野菜

Verdure fresche di stagione --- L9,000
野菜　　新鮮な　　　季節

Insalate miste crude --- L9,000
ﾐｯｸｽｻﾗﾀﾞ　　生の

Verdura cotta o saltata --- L9,000
野菜　　煮たもしくはｿﾃｰした

Patate al prezzemolo o al salto --- L8,000
ｼﾞｬｶﾞｲﾓ　　ｲﾀﾘｱﾝﾊﾟｾﾘ もしくは 炒めた

Insalata di carciofi con Grana --- L8,000
ｻﾗﾀﾞ　　ｱｰﾃｨﾁｮｰｸ　共に ﾁｰｽﾞ

Radicchio Trevisano ai ferri --- L10,000
ﾁｺﾘ　　　ﾄﾚﾋﾞｻﾞｰﾉ　　網焼き

Misto di verdure cotte --- L9,000
ﾐｯｸｽ　　野菜　　煮た

Polenta nostrana --- L14,000
ﾎﾟﾚﾝﾀ　　自家製

Insalata russa fresca casalinga --- L16,000
ﾏﾖﾈｰｽﾞであえたﾎﾟﾃﾄｻﾗﾀﾞ 新鮮な 自家製

Formaggi
チーズ

Lombardi ロンバルディ	--- L9,000
Piatto misto 盛り合せ	--- L15,000

Frutta Fresca
果物　新鮮な

Al pezzo 1口分の量	--- L5,000
Composta di frutta コンポート　　果物	--- L10,000
Ananas al naturale パイナップル　天然の	--- L8,000
Frutti di bosco, fragoline 果物　　森　　イチゴ	--- L12,000

Dolci e Gelati
ケーキ 及び アイスクリーム

Trancio di torta casalinga 薄片　　タルト　　自家製	--- L10,000
Crème caramelle o bonet カスタードプリン もしくは チョコレートケーキ	--- L10,000
Sorbetto di frutta artigianale シャーベット　果物　　自家製	--- L10,000
Tartufo, semifreddo チョコレート菓子　アイスクリーム	--- L10,000
Affogato al caffè o al liquore ⑦アイスクリーム　コーヒ もしくは リキュール	--- L12,000

⑦ リキュール、コーヒーに浮かしたアイスクリーム

Zabajone caldo ⑧サバイオネ　温かい	--- L10,000

⑧ 卵黄、砂糖、マルサーラワインで作るデザート

Birre
ビール

Nazionale 国産	33cl --- L5,000	66cl --- L10,000
Estere 外国産	33cl --- L6,000	50cl --- L11,000

Bevande Minerali
飲み物　ミネラル

Bibite　　　　　　　20cl --- L4,000　　　　33cl --- L5,000
清涼飲料

Acqua minerale --- gasata o naturale　　　Media --- L4,000　　Grande --- L5,000
水　　　　炭酸ガスもしくは 天然の　　　　中　　　　　　　　大

Vini al 1/4
ワイン

Barbera o cortese del Piemonte　　　　　　　　　　--- L4,000
バルベーラ(赤)もしくはコルテーゼ(白)　ピエモンテ産

Verduzzo delle Venezie Vivace　　　　　　　　　　--- L4,000
ヴェルドゥツォ(白)　　ヴェネツィエ　　ヴィヴァーチェ

Caffè espresso　　　　　　　　　　　　　　　　　--- L3,000
カフェ　エスプレッソ

Tè, Cappuccino　　　　　　　　　　　　　　　　--- L6,000
紅茶　カプチーノ

Pranzo turistico --- L58,000
昼食　　観光客

　　　　　　　　　　　　　　　　vino escluso
　　　　　　　　　　　　　　　　ワイン　含まず

1 primo di Minestre a piacere
1品　スープ・パスタ　お好み

[Minestre から 1 品選択]

1 secondo Piatti del Giorno
1品　　　本日の料理

[Piatti del giorno から 1 品選択]

1 formaggio o 1 gelato o crème caramelle
チーズ　もしくは アイスクリームもしくは カスタードプリン

[formaggio, gelato, crème caramelle のいずれから 1 品選択]

(以上 Pranzo は 3 品選択する)

Pane e coperto --- L3,000, Percentuale di servizio --- 11%
パン 及び 席料　　　　　　　パーセント　　　サービス料

☆☆☆☆☆ 注文の仕方 ☆☆☆☆☆
[Milaneseのメニュー構成]

Antipasti 前菜	···A
Minestre スープ・パスタ	···B
Piatti da farsi 料理　焼きもの	···C
Piatti del giorno 料理　本日	···D
Funghi porcini やまどりたけ	···E
Pesci 魚	···F
Legumi verdure 豆　　野菜	···G
Formaggi チーズ	···H
Frutta fresca 果物　新鮮な	···I
Dolci e gelati ケーキ 及び アイスクリーム	···J
Pranzo turistico 昼食　　観光客	···K

一般的な選択の仕方はAとBから1品、C~Fから1品、H~Jから1品の計3品目（Gはお好み）であるが、C~Fから1品のみでもOK。主菜の種類が多い。観光客用の定食（昼に限定）---B、Dから各1品選択とチーズ、アイスクリーム、カスタードプリンのいずれか1品の計3品。

Milano centrale F.S.

94

Gran Duca di York →H 社 downtown 営業所 (6/11)

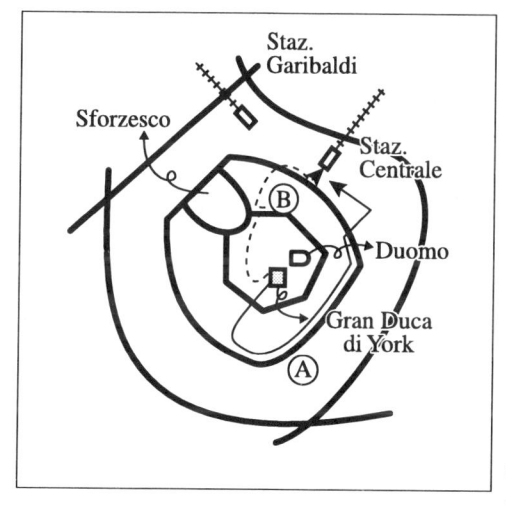

いよいよ、H 社 (downtown) へ check-in（返却）する日。ミラノ市内縦断の半分が残っている。いつものようにホテルデスクにルートを聞く。

即座に教えてくれたのはⒶルート。環状線を利用する方法で、一旦 2 番目の環状線まで南下。その環状線を北方向に迂回するもの。これに対して、もう少し直線的に行くルートはないか聞いてみる。少し間を置いて示してくれたのがⒷルート。地下鉄 1 号線 cordusio 駅に出て斜めに sforzesco 城方向に北上、garibaldi 駅を右折、gioia 駅を経由するルート。どちらのルートを選ぶか迷ったが、逆戻りに少し抵抗があったのと、直線的に行くとどのようなことになるのか興味があったのでⒷルートを選択。

地図で見ると直線的と思えても、駐車場を出てから筋を外れてしまった為、多少のジグザグを繰り返す。日曜日で雨降り、車は少なく、商店は閉まっている。人通りも少なく、聞く相手が近づいて来るのを待つこともしばしば。

環状ラインの一番内側こそ曲がりくねっているが、その地域を抜けると様相は一変。あの曲がりくねった道はない。道路幅も一段と広く、直線道路部分も長くなる。ミラノ中央駅に近づくにつれ走りやすい。さて、H 社の営業所は中央駅前 plaza の左右どちら側にあるのか、広場は非常に広い。近くのホテルの従業員に左側 (galvani 通り) にあることを教えてもらう。2 日間にわたるミラノ市内縦断も予想外にスムーズ、むしろ拍子抜け。あっという間といった方が適切かもしれない。

これでマルセイユからはじまったレンタカーによる旅も幕を閉じることになった。

◆トランク事故に対するH社の対応◆

平成 13 年 6 月 11 日、H 社 Milano Downtown 営業所に事故報告書提出。再三の督促。やっと 8 月 29 日、次の理由により賠償に応じられない旨の回答。

1. 事故車両を次々とレンタル、その結果何ら異状がなかったので賠償には応

じられない。
2. B社に事故原因について製造メーカーに調査依頼したのか間合わせたが、同社に依頼するようなトラブルではない。H社のスタッフが調べた。それで十分である。
3. H社は運転、利用、操作に問題のある車とわかって、そのまま貸し出すことはない。

お客様を実験台にした検証の仕方、今回のトラブルをマイナーな取るに足らぬと捉え、社内スタッフのみで、結論を下す管理体制。検証のためだけに製造メーカーに依頼するのは、その間営業上の損失という……。

これが、世界140カ国6,300ヵ所のネットワークを持っていると豪語している会社なのかと疑う。車両をレンタルする場合、このようなことも念頭に入れておきたい。また、ドライブには後方にも注意を払うようにしよう。

◆トランクの荷物の積み方に要注意◆

小さなバックは平らな面を上下に積み重ねるのは避ける。重ねると走行中にトランクが開いた場合、上部のバックはストッパーがないため滑り落ちる恐れがある。横に立てて積みストッパーに引っかかるようにする。

さらに、信号待ちの間にトランクを開けられ荷物を強奪されるのを防ぐには、ロックすることも必要であるが、バック相互をチェーンなどでつないでおくようにするとよい。但し、チェーンの端末はトランク内の両側にあるアームなどどこかに固定することを忘れない。

15 Como湖のレストランメニュー

Como湖へは私鉄Nord線が便利。地下鉄1、2号線cadorna駅下車、階段を上れ

ば Nord 線（Staz. Centrale からユーロ・シティ、特急でも行ける）。

◆切符の買い方
コモ湖まで往復 4 枚下さい。
--- per Como, quattro, andata e ritorno
     ペル コモ クァットロ アンダータ エ リトルノ
     まで コモ   4 枚   往復

[1 枚---uno 2 枚--- due 3 枚---tre]
    ウーノ   ドゥーエ   トレ
料金は窓口でデジタル表示されるので聞き取りに苦労することはない（4 人で35,200Lit）。

◆ 所要時間---約 1 時間
◆ 時刻表（平成 13 年 6 月 11 日現在）---Thomas cook で要確認。
　　　　Milano 発・・・ 8:40　　9:10　　9:40・・・・
　　　　Como 発・・・16:14　 17:14　 18:14・・・・

レストラン

Il Gabbiano
Viale lungo trieste 30
2210 como

観光案内所は立場上推薦する訳にはいかにといいつつ、それでも教えてくれた店。ピザは何んと 33 種類、どんな具が入っているのか細かに書いてある。

[Il Gabbiano のメニューの読み方と日本語訳]

　　　　　　　　　　　　　　□ は素材、（　　）は英語

Menù
メニュー

Antipasti (Starters)
前菜

Salmone fumè toast e burro　　　　　　　　　　　--- L25,000
  サケ　 燻製　 トースト 及び バター
(Smoked salmon with toast and butter)

Cocktail di gamberetti in salsa aurora　　　　　　--- L18,000
  カクテル　　　　エビ　　　　①ソース オーロラ

97

(Shrimps cocktail)
① トマトまたは、ピーマンのピューレにベシャメルソースを加えて作る

Insalata di mare --- L18,000
ｻﾗﾀﾞ　　　海
(Sea fruit salad)

Zuppa di cozze e vongole --- L15,000
ｽｰﾌﾟ　　　貝 及び ｱｻﾘ
(Soup of seafood)

Insalata mista con tonno, mozzarella, olive --- L15,000
ｻﾗﾀﾞ　ﾐｯｸｽ つき ﾏｸﾞﾛ　ﾁｰｽﾞ　ｵﾘｰﾌﾞ
(Large salad with olives, cheese and tuna)

Prosciutto di Parma --- L12,000
ﾊﾑ　　　ﾊﾞﾙﾏ産
(Parma ham)

Prosciutto di Parma con melone --- L13,000
ﾊﾑ　　　ﾊﾞﾙﾏ産 つき ﾒﾛﾝ
(Palma ham with melon)

Bresaola con rucola e scaglie di Grana --- L18,000
漬け干し牛肉 つき ﾛｹｯﾄｻﾗﾀﾞ 及び 薄片　ｸﾞﾗﾅﾁｰｽﾞ
(Smoked beef with rocket and parmesan cheese)

Salame --- L10,000
ｻﾗﾐｿｰｾｰｼﾞ
(Salame)

<u>Primi Piatti</u> (Pasta)
1 皿目

Minestrone di verdure --- L10,000
野菜ｽｰﾌﾟ
(Vegetable soup)

Fettuccine panna e prosciutto --- L15,000
ﾌｪｯﾄﾁｰﾈ　生ｸﾘｰﾑ 及び ﾊﾑ
(Tagliatelle with ham and cream sauce)

Tortelloni al burro e salvia --- L15,000
ﾗﾋﾞｵﾘ　　ﾊﾞﾀｰ 及び ｾｰｼﾞ
(Ravioli with a cheese-spinach-filling in a butter and sage-sauce)

Penne all'arrabiata --- L10,000
ﾍﾟﾝﾈ　ﾋﾟﾘとした
(Maccaroni in a hot tomato sauce)

Penne ai quattro formaggi e rucola --- L15,000
ﾍﾟﾝﾈ　4種　ﾁｰｽﾞ 及び ﾙｯｺﾗ
(Maccaroni in a cheese sauce)

Spaghetti ai frutti di mare --- L18,000
　スパゲッティ　　海の幸
　(Spaghetti with seafood)

Gnocchi di patate alla Gabbiano --- L12,000
　ニョッキ　　ジャガイモ　　ガビアーノ
　(Potato dumplings in a tomato, basil sauce)

Risotto ai frutti di mare (per 2 persone) --- L24,000
　リゾット　　海の幸　　　2人で
　(Rice with seafood)

Risotto ai funghi porcini (per 2 persone) --- L30,000
　リゾット　　やまどりだけ　2人で
　(Rice with wild mushrooms)

Linguine all'astice --- L25,000
　リングイネ　　オマールエビ
　(Large spaghetti with lobster)

Pesce (Fish)
魚

Trancio di salmone --- L22,000
　薄切り　　サケ
　(piece of salmon)

Filetto di trota salmonata --- L17,000
　フィレ　　ニジマス
　(Salmon trout)

Fritto misto mare --- L25,000
　ミックスフライ　魚
　(Mixed fried fish)

Calamari fritti --- L17,000
　ヤリイカ　　フライ
　(Fried squid)

Gamberoni alla griglia --- L30,000
　エビ　　　　網焼き
　(Grilled gamberoni)

Grigliata di pesce --- L35,000
　網焼き　　魚
　(Mixed grilled fish)

Orata, branzino, pesce spada --- L9,000
　鯛　　　スズキ　　メカジキ　　　(100gr)
　(Sea bass, bream)

Contorni (Side dishes)
つけ合わせ

99

Patate fritte --- L6,000
フライドポテト
(Chips)

Verdure di stagione --- L7,000
野菜　　季節
(Vegetables of the day)

Insalata mista --- L7,000
ミックスサラダ
(Green salad)

Carne di vitello (Veal)
肉　　子牛

Nodino ai ferri --- L25,000
子牛の鞍下肉 網焼き
(Grilled cutlet)

Cotoletta alla Milanese --- L25,000
カツレツ　　ミラノ風
(Cutlet in dread crumbs)

Paillard alla griglia --- L25,000
子牛の網焼き
(Grilled paillard)

Carne di Manzo
肉　　成牛

Chateau Briand (2 pers) con patate fritte, verdure --- L95,000
牛フィレ肉の厚切り　2人分　つき　ポテトフライ　野菜

Filetto alla griglia --- L30,000
ヒレ肉　　網焼き
(Grilled fillet steak)

Entrecôte doppio (2 pers) con patate fritte, verdure --- L85,000
ロース　2倍の　2人分　つき　ポテトフライ　野菜
(Double rumpsteak with potatoes, vegetables)

Entrecôte alla griglia --- L25,000
ロース　　網焼き
(Grilled rumpsteak)

Filetto carpaccio con rucola e scaglie di Grana --- L30,000
牛の薄切り　つき　ロケットサラダ及び チーズ　　グラナ
(Carpaccio fillet with rocket and parmesan cheese)

Grigliata mista con patate fritte --- L35,000
網焼き　　つき　ポテトフライ

(Mixed grill with chips)

Dessert
デザート

Torte a scelta --- L7,000
ケーキ　　お好み
 (Cake of the day)

Macedonia di frutta --- L6,000
フルーツポンチ　　果物
 (Fruit salad)

Crème caramel --- L6,000
カスタードプリン
 (Crème caramel)

Frutta con gelato --- L8,000
果物　つき　アイスクリーム
 (Fruit with ice)

Gelato misto --- L6,000
ミックスアイスクリーム
 (Ice cream)

Frutta di stagione --- L6,000
果物　　季節

Menù Turistico
メニュー　観光客

Pennette all'arrabbiata
ペンネ　　　ピリッと辛い

　　o
　もしくは

Gnocchi freschi alla Gabbiano
ニョッキ　新鮮な　　ガビアーノ
 [pennette, gnocchi のいずれかを選択（前菜）]

Calamari fritti freschi
ヤリイカ　フライ　新鮮な

　　o
　もしくは

Trota salmonata
　②養殖マス
　② 身がサーモンピンク

　　o
　もしくは

101

Cotoletta alla Milanese con patate fritte o insalata
カブレツ　　　　　ミラノ風　つき　　ポテトフライ　もしくは サラダ
　　　　　　（つけ合せに patate fritte, insalata のいずれか選択）
[以上が主菜。calamari, trota, cotoletta から 1 品選ぶ]

Macedonia fresca di frutta o gelato misto
③フルーツポンチ　新鮮な　果物　もしくは ミックスアイスクリーム
　　③　さいの目に切った果物をシロップやリキュールなどにつけたもの
[これがデザート。Frutta, gelato いずれかを選ぶ]

bevende escluse　　　　　　　　　　　　　　　　　　　　--- L35,000
飲物　　除く

Pizzeria
ピザ専門店

Margherita --- pomodoro, mozzarella　　　　　　　　　　--- L7,000
④マルゲリータ　　　　トマト　　　モッツァレラチーズ
　　④　赤いトマト、白いモッツァレラチーズ、緑のバジリコでイタリアの 3 色旗を表した
　　　　ピザ。

Siciliana --- pom., moz., olive, capperi, acciughe　　　　--- L11,000
シチリア　　　トマト　チーズ　オリーブ　ケッパー　アンチョビ

Pugliese --- pom., moz., cipolle, capperi　　　　　　　　--- L9,000
プーリア　　トマト　チーズ　玉ねぎ　　ケッパー

Napoli --- pom., moz., acciughe, origano　　　　　　　　--- L9,000
ナポリ　　　トマト　チーズ　アンチョビ　　オレガノ

Marinara --- pom., aglio, origano　　　　　　　　　　　--- L6,000
マリナーラ　　トマト　ニンニク　オレガノ

Diavola --- pom., moz., salame. piccante　　　　　　　　--- L10,000
ディアボラ　　トマト　チーズ　サラミソーセージ　ピリッと辛い

Funghi --- pom., moz., funghi　　　　　　　　　　　　--- L10,000
きのこ　　　トマト　チーズ　きのこ

Prosciutto --- pom., moz., prosciutto cotto　　　　　　　--- L10,000
ハム　　　　トマト　チーズ　ハム　　　煮た

Wurstel --- pom., moz., wurstel　　　　　　　　　　　--- L10,000
フランクフルトソーセージ　トマト　チーズ　ソーセージ

Vegetariana --- pom., moz., verdure fresche　　　　　　--- L12,000
野菜だけ　　　　トマト　チーズ　野菜　　新鮮な

Quattro Stagioni --- pom., moz., prosciutto cotto, funghi, carciofi　--- L12,000
　　四季　　　　トマト　チーズ　ハム　　　煮た　きのこ　アーティチョク

Quattro Formaggi --- pom., moz., zola, grana, taleggio　--- L12,000
4 種　チーズ　　　トマト　チーズ　ゾーラ　グラナ　チーズ

Prosciutto Funghi --- pom., moz., prosciutto cotto, funghi　--- L12,000
ハム　　きのこ　　トマト　チーズ　ハム　　　煮た　きのこ

Calzone Liscio --- pom., moz., prosciutto cotto   --- L10,000
カルツォーネ　滑らかな　トマト　チーズ　ハム　煮た

Calzone Farcito --- pom., moz., prosciutto cotto, funghi, capricciosa --- L12,000
⑤カルツォーネ　詰めのもの　トマト　チーズ　ハム　煮た　きのこ　ピザオイル
⑤　詰めものをしたピザ。ピザの生地に生ハム、モッツァレラチーズ、バジリコなどを
　　はさみ油で揚げるか、オーブンで焼く

Bismark --- pom., moz., uovo, capricciosa   --- L12,000
ビスマルク　トマト　チーズ　卵　ピザオイル

Panna Prosciutto --- pom., moz., panna, prosciutto   --- L12,000
生クリーム　ハム　トマト　チーズ　生クリーム　ハム

Tonno --- pom., moz., tonno   --- L12,000
マグロ　トマト　チーズ　マグロ

Tonno Cipolle --- pom., moz., cipolle, tonno   --- L10,000
マグロ　玉ネギ　トマト　チーズ　玉ネギ　マグロ

Speck --- pom., moz., speck   --- L13,000
スモークハム　トマト　チーズ　スモークハム

Texana --- pom., moz., fagioli, pancetta, cipolle   --- L15,000
テキサナ　トマト　チーズ　いんげん豆　ベーコン　玉ネギ

Boscaiola --- pom., moz., funghi porcini   --- L15,000
木こり　トマト　チーズ　やまどりだけ

Gabbiano --- pom., moz., pomodori freschi, rucola   --- L12,000
ガビアーノ　トマト　チーズ　トマト　新鮮な　ルコラ

Lucien --- pom., moz., pomodori freschi, funghi, rucola   --- L14,000
ルチアン　トマト　チーズ　トマト　新鮮な　きのこ　ルコラ

Salmone --- pom., moz., salmone, prezzemolo   --- L15,000
サケ　トマト　チーズ　サケ　イタリアンパセリ

Frutti di mare --- pom., moz., frutti di mare   --- L15,000
海の幸　トマト　チーズ　海の幸

Iceberg --- pom., moz., gamberetti, rucola   --- L18,000
アイスバーグ　トマト　チーズ　小エビ　ルコラ

Delizia --- pom., moz., crudo, rucola scaglie di grana   --- L18,000
デリツィア　トマト　チーズ　ハム　ルコラ　チーズ　グラナ

Valtellina --- pom., moz., funghi porcini, bresaola   --- L18,000
バルテリーナ　トマト　チーズ　やまどりだけ　塩漬け干し牛肉

Bresaola --- pom.,moz., bresaola   --- L13,000
ブレサオラ　トマト　チーズ　塩漬け干し牛肉

Tirolese --- pom., moz., bresaola, rucola, grana   --- L18, 000
ティロレーゼ　トマト　チーズ　塩漬け干し牛肉　ルコラ　ハム

Carta dei vini
ワインのメニュー

Vino Bianco
ワイン　白

Soave Bertani --- L22,000
ソアヴェ ヴェルタニ

Bianco di Custoza della Bertani --- L28,000
白　　クストツァ　　　ヴェルタニ

Spumante Brut riserva C. Sforza --- L45,000
⑥スプマンテ 辛口の 貯蔵　チ スフォルツァ
⑥ 発泡性ワイン

Moet Chandon --- L80,000
モエト　シャンドン

Veuve Clicquot Ponsardin --- L100,000
ヴーヴェ　クリクオト　ポンサルダン

Vino rosé
ワイン　赤

Bertarosé Bertani --- L22,000
ベルタロゼ　　ベリタニ

Schiava del Torre antica C. Sforza --- L22,000
スキアヴァ　　トッレ　アンテカ　チ スフォツァ

Vino Rosso
ワイン　赤

Valpolicella Classico della Bertani --- L25,000
ヴァルポリチェラ　クラシコ　　ベエルタニ

Bardolino Bertani Superiore --- L30,000
バルドリノ　ベルタニ　最高の

Catullo Bertani --- L50,000
カチュロ　　ベルタニ

Valpantena Bertani --- L80,000
ヴァルパンテナ　　ベルタニ

Acqua gasata o naturale　　　　L.1 --- L5,000
水　ガス入りもしくは 天然　　　リットル

　　　　　　　　　　　　　　　L.1/2 --- L3,000
　　　　　　　　　　　　　　　リットル

Birra　　　　　　　　　　　　L.1 --- L15,000
ビール　　　　　　　　　　　　リットル

　　　　　　　　　　　　　　media --- L7,000
　　　　　　　　　　　　　　　中

　　　　　　　　　　　　　　piccola --- L5,000
　　　　　　　　　　　　　　　小

Caffè --- L3,000
コーヒー

Cappuccino　　　　　　　　　　　　　--- L5,000
カプチーノ

☆☆☆☆☆　注文の仕方　☆☆☆☆☆
[メニュー構成]

Antipasti	--- A
前菜	
Primi Piatti	--- B
パスタ	
Pesce	--- C
魚	
Contorni	--- D
つけ合せ	
Carne di Vitello	--- E
肉　　子牛	
Carne di Manzo	--- F
肉　　成牛	
Dessert	--- G
デザート	
Menù Turistico	--- H
定食　観光客	
Pizzeria	--- I
ピザ	

　アラカルトはA、B、Ⅰから1品、C・E・Fから1品（Dはお好み）、Gから1品の計3品目がオーソドックスであるが、B、D〜F、Ⅰから1品目のみの注文でもOK。観光客用定食もある。パスタ（ペンネ、ニョッキのいずれか）とヤリイカ、マス、カツレツのいずれか、フルーツポンチ、アイスクリームのいずれかの計3品目を選択する。

※予約を必要とするような高級レストランに入る時はフォーマルな服装が要求される。また注文する品数もディナーは勿論のことランチであっても最低でも前菜・主菜・デザートの3品目は注文するのがマナーであると心得ておこう。

16 レンタカーの契約関連

1) 任意保険に加入するようにしたい。レンタカー会社と契約する場合、自動的に加入する自動車損害賠償保険(LP)と任意に加入する任意保険とがある。国内で契約する時はLPのみで、任意保険は現地でレンタカーを借りる時に申し込む。

2) カウンター手続きをスムーズに行う方法
　任意保険の申し込みは面倒なもの。次のフォームにあらかじめ記入の上、提出すれば確実にスピーディに処理してくれる。
　　　・　予約番号（Reservation Number）
　　　・　名前（Name）
　　　・　自宅住所（Home Address）
　　　・　自宅 Tel（Home Telephone）
　　　・　運転免許証番号（Drivers License）日本、国際

・クレジットカードの会社名

＜H社のヨーロッパの場合＞

```
LDW/CDW（車両損害補償制度）

    Accept（加入）□    Decline（加入しない）□

Super CDW（免責免除保険）

    Accept（加入）□    Decline（加入しない）□

PAI（搭乗者傷害保険）

    Accept（加入）□    Decline（加入しない）□

TP（盗難保険）

    Accept（加入）□    Decline（加入しない）□
```

□ 内のいずれかにチェックを入れる。

3）注意事項

現地レンタカー会社から「contrat de location」（賃貸借契約書）の提示を受け、必要なところ（LDW/CDWなどの項目）にサインすることにより手続きは終了する。ここで気をつけることは、契約書の右上に次のような文章がある。

Faute de réserves, Je reconnais prendre le véhicule sans dommage apparent.
(Without reservations, I acknowledge that the vehicle rented has no apparent damage.)
「無条件に、私は賃貸を受けた車は外見上損傷のないことを認める」

従って、レンタカーに乗る前に必ず、車両全体に外見上損傷がないかどうかチェックするのを怠らない。もし、キズなど損傷が見つかれば、係員に申し出て契約書の右上のところに車のスケッチがあるので損傷（cassé）の×印をしてもらう。ダメージの大きい車両は交換交渉を行う。

4）事故の場合

事故発生の時は、警察かハイウェイパトロールに連絡する。レンタカー会社にも連絡する。相手の氏名、住所、電話番号、保険証書の番号、免許証の発

行先と番号を聞いておく。
- 接触を起こした……

    J'ai causé un accrochage. （仏）

    Ho causauto un' incidente in contatto. （伊）

    I had fender bender. （英）

- 人身事故を起こした・・・

    Il y a eu un accident corporel. （仏）

    Ho causauto un' incidente con danni alle persone. （伊）

    I injured someone in an accident. （英）

- こちらの場所は〜です。

    L'adresse est 〜. （仏）

    L'indirizzo qui è 〜. （伊）

    I'm at 〜. （英）

- 警察署の電話番号

    Commissariat （仏） ----- 17

    Commisariato （伊） ----- 113

5) 国際免許証の取得方法

都道府県運転試験場か運転免許課で即日発行してくれる。申請要領は手数料（2,650円）、国内運転免許証、パスポート、写真（5cm×4cm）1枚を提出。有効期限は1年間。

6) ドライブに使用した地図は次の通り

(いずれも現地購入)

（1） Michelin 113 Montpellier/Montélimar Avignon/Marseille

（2） Blay Foldex Nice

（3） Michelin 115 Côte d'Azur Alpes-Maritimes

（4） Studio F.M.B Bologna Genova

（5） Michelin Milano e dintorni

あ と が き

　右側通行を甘くみないようにしたい。ドライブは楽しいもの。しかし、常に危険と隣り合わせになっているので、くれぐれも慎重な運転を心がける。
　海外の運転では「道探し」が主体となる。「運転」そのものはどちらかといえば、隅に追いやられかねない。しかし、初めて運転する場合は「道探し」に主体を持ってくるのは極めて重い負担になる。まずは「運転」のみに専念、「道探し」は助手席に座る人がナビゲーター役を務める。
　専念するといっても油断は大敵。最初の内は右側通行（英国圏を除く）に注意しているので、左折、右折を間違えることは少ない。やがて慣れてくる。慣れてくるといっても所詮は付け焼刃。元々は左側通行が身についているので、うっかりすると本来の習性が出てくる。面倒でも右側通行の指令を出し続ける必要がある。特に、道を聞いたり、給油したりした後に右側のレーンに入ることを忘れることがある。
　では、右側通行での左折、右折を常に意識させるためにはどのようにすればよいのか。残念ながら妙案はない。左折は"大きく"、右折は"小さく"とよく言われるが、これを頭の中だけではなく、<u>口に出して唱えてみる</u>。自分に言い聞かせながらハンドルを切る。地道に確実に実行せざるを得ない。"Safety First"。

著　者

〈著者略歴〉

真鍋　忠義（まなべ　ただよし）
1937年岐阜県生まれ
中央大学法学部卒
日立造船㈱

●著　書
『グルメの旅のパスポート』燃焼社
〈近刊予定〉
『もう恐くない海外の食事とドライブ―熟年の旅
　　　　ベルギー・オランダ・ルクセンブルグ編』
『もう恐くない海外の食事とドライブ―熟年の旅
　　　　ポルトガル編』

もう恐くない海外の食事とドライブ―熟年の旅　南フランス・北イタリア編

2002年7月30日　第1刷発行

定　価　本体952円
著　者　真鍋忠義
発行者　山崎亮一
発行所　せせらぎ出版
　　　〒530-0043　大阪市北区天満2-1-19　髙島ビル2F
　　　　TEL　06-6357-6916
　　　　FAX　06-6357-9279
　　　　郵便振替　00950-7-319527
印刷・製本所　亜細亜印刷株式会社

©2002　ISBN4-88416-112-2

せせらぎ出版ホームページ　http://www.seseragi-s.com
　　　Eメール　info@seseragi-s.com

視覚障害者その他活字のままではこの本を利用できない人のために、出版社および著者に届け出る事を条件に音声訳（録音図書）および拡大写本、電子図書(パソコンなどを利用して読む図書)の製作を認めます。ただし営利を目的とする場合は除きます。